# Lichtflügel

## Meditationen, Übungen, Anrufungen von Lichtwesen

übermittelt durch

Ute Elisabeth Amann

D1730178

Verlag
Ute Elisabeth Amann
P. F. 1271
69209 Eppelheim
Telefon und Fax 06221/76 76 64

# IMPRESSUM

Titel         Lichtflügel -
Meditationen, Übungen, Anrufungen
von Lichtwesen
übermittelt durch Ute Elisabeth Amann

1. Auflage 1997

Copyright       Verlag · Ute Elisabeth Amann
P. F. 1271
69209 Eppelheim
Telefon und Fax 0 62 21 / 76 76 64

Druck         KNOPF-DRUCK
Mannheimer Straße 62
68535 Edingen-Neckarhausen
Telefon 0 62 03 / 89 61 - 0
Telefax 0 62 03 / 81 71 1

ISBN 3 - 980 5137-3-4

Die sichtbare und unsichtbare Macht

in den Welten

ist die

Liebe

# Inhaltsverzeichnis

## Chakrenmeditationen

## Die Erzengel äußern sich

# Vorwort

Seid gegrüßt, geliebte Kinder der Erde. Ich bin Michael, der euch durch dieses Buch, das der Liebe gewidmet ist, führen wird.

So höret meine Botschaft.

Es ist wichtig, denn ihr lebt in der Zeit des Wandels. So hat die Reise des Planeten letztes Jahr, mit allen seinen Lebensströmungen begonnen. So reist eure Mutter Erde in ein neues Bewußtsein. In eine höhere Dimension des Seins. Und ihr Geliebte, sowohl alles Leben, reist mit ihr. So werden sich im Laufe dieser Reise die Werte, die auf der irdischen Ebene vorherrschen, grundlegend ändern, wie auch der Mensch. So werdet ihr gezwungen, durch die Anhebung euch zu ändern. Es bleibt euch nichts anderes übrig; denn je höher der Planet in seinem Bewußtsein steigt, um so mehr wird die Materie zerfallen. So müßt ihr nach neuen Werten suchen, neue Werte annehmen, um zu überleben.

Geliebte Kinder der Erde, fürchtet euch nicht. Ihr findet alles, was ihr braucht in eurem Innern. So berichte ich euch in diesem Buch über die Qualitäten - die Qualitäten eurer Seele, die es zu entwickeln und zu vervollkommnen gilt, um ein Kind der neuen Zeit zu werden und zu sein. Die Reise der Erde ist ein Gnadenakt seitens unseres VATERS. Denn wisset, seit tausenden von Jahren lebt die Menschheit, um sich seelisch zu vervollkommnen. Die Erde ist ein Schulungsplanet um zu lernen, um wahre Werte, vollkommene Eigenschaften zu entwickeln. Durch die Anhebung des Planeten wird dieser Vorgang maßgeblich beschleunigt. So ist es dringend notwendig, daß der Mensch erwacht. Und sich seiner wahren Aufgaben, seinem wahren Grund seines Hierseins besinnt, und beginnt, sich vermehrt um seine seelische Entwicklung, sein eigenes Inneres, zu kümmern.

So möchte ich euch berichten, daß ihr Probleme und Situationen, die euch in eurem Leben begegnen, nicht als Grund sehen dürft um zu verzweifeln, sondern als Herausforderung, als Chance, sich seelisch weiterzuentwickeln; denn der Mensch beginnt nach Lösungen zu suchen, nach neuen Wegen, wenn er in Schwierigkeiten steckt.

So ist das Außen ein Spiegel eures Innern, und wenn ihr mit wachen Augen das Außen betrachtet, so könnt ihr ablesen was in eurem Innern noch zu vervollkommen gilt. Denn alles, was euch im Außen begegnet, begegnet euch lediglich, weil es mit euch selbst, mit eurem Innern etwas zu tun hat. So setzt euch endlich mit euch selbst auseinander. Sucht nicht länger die Schuld im Außen, die Schuld bei anderen, denn ihr seid selbst verantwortlich. Ihr seid verantwortlich für alles, was euch begegnet und geschieht. Ihr zieht in eurem Leben an, was ihr zur Vervollkommnung eurer Seele braucht. So seid dankbar für alles was euch begegnet und geschieht.

Krankheit, Leid und ausweglose Situationen, scheinbar ausweglose Situationen, wollen euch lediglich auf den Weg eurer seelischen Vervollkommnung unterstützen.

So beginnt mit der Arbeit in eurem Inneren und hinterfragt, was hat dies oder jenes mit mir zu tun. Was will mir diese Krankheit, diese Situation sagen ? So müßt ihr an euch arbeiten. Denn wisset, es gilt, verschiedene Aspekte und Qualitäten zu vervollkommnen. So steht der Barmherzigkeit die Härte gegenüber. Das heißt, es ist weder der eine noch der andere Pol zu leben, sondern in die Mitte zu kommen, Ausgleich zu schaffen, um selbst zu entscheiden, wann Barmherzigkeit, wann Härte vonnöten. So sollt ihr in der Dualität dieses Planeten alle Pole betrachten, alles in euch entwickeln, um dann die Mitte, den Ausgleich zu finden. Die Verwirrung zu lösen, um sicher zu entscheiden, wann etwas vonnöten. Ein gerechter, erwachter Mensch zu werden, der nach seiner Seele im Innern handelt. Der den kosmischen Gesetzen entsprechend denkt, fühlt und handelt. Einheit zu erlangen zwischen euren verschiedenen Körpern ist wichtig. So lange ihr im Ungleichgewicht seid, schadet ihr euch und eure Schwingungen den anderen, und führt zu Disharmonie im feinstofflichen Bereich des Planeten. So sucht die Einheit zwischen Denken, Fühlen und Handeln. Bringt euer wahres Sein zum Ausdruck.

Laßt euch nicht länger nur vom Verstand und Ego leiten, denn diese beiden verleiten euch. Verstand und Ego begrenzen euch, und sind des Menschen größte Einschränkungen und Blockaden. So beginnt, in eurem Innern zu fühlen. Hört auf eure innere Stimme, eure Seele. Beginnt, die Seele einzubeziehen, bis die Seele der Führer, und Verstand und Ego in Liebe der Seele dienen.

So möchte ich nicht länger auf das Ego des Menschen eingehen, denn dies behandelte ich ausführlich im Buch "Die Botschaft". So lest dort nach, was es mit eurem Ego auf sich hat. In Einheit zu kommen ist eine vordringliche Aufgabe, um die sich jeder Einzelne von euch vermehrt kümmern sollte.

Arbeitet daran, euer Innerstes, eure wahren Gefühle und Empfindungen, ins Außen zu bringen. Laßt euch nicht länger durch die Angst blockieren. Durch Werte der Gesellschaft die, wie ihr wißt, nicht die wahren Werte des Kosmos sind. So drückt euer wahres Sein aus. Seid ehrlich. Seid ehrlich zu euch selbst und zu den anderen. Haltet nicht länger euer wahres Sein zurück. Dies erfordert Mut. Doch beginnt noch heute, euch auszudrücken. Laßt euch nicht länger begrenzen, einschränken, denn euer göttliches Geburtsrecht ist die Freiheit. Ihr seid freie Kinder des VATERS und sollt Freiheit leben. Euer Gefühl der Freiheit ist wichtig, um wahres Glück und Freude leben zu können.

So drückt euch liebevoll aus. Bringt liebevoll zum Ausdruck, was ihr möchtet und wünscht. Laßt euch von der Liebe leiten, denn die wahre Liebe transformiert und wandelt alles. Alles ist möglich.

Geliebte Kinder, ich weiß, daß die Zeiten euch schwer erscheinen, daß ihr es scheinbar nicht leicht habt. Besonders diejenigen unter euch, die noch sehr oder im starken Maße von der Materie abhängig. Die den Wert ihres Lebens, ihres Seins nur noch an materiellen Dingen messen. Löst euch von euren Abhängigkeiten, denn ansonsten werdet ihr davon gebremst werden, denn wie ich euch erklärte, geht die gesamte Entwicklung beschleunigt voran. So akzeptiert Veränderungen und nehmt sie an, denn Leben ist Veränderung. Stillstand und festhaltenwollen, bedeutet energetischen Tod.

So ist das Loslassenkönnen auch eine Eigenschaft, die ihr zu entwickeln habt.

Geliebte Kinder der Erde. Ich möchte euch sagen, daß wir euch aus unserer Sphäre von Herzen lieben, und daß ihr uns jederzeit um Hilfe, Beistand und Schutz bitten könnt. Wir werden bei euch sein und euch energetisch in Liebe unterstützen. Verbindet euch bewußtseinsmäßig mit uns, und wir sind da. Denn oftmals sucht ihr verzweifelt nach einem Weg. Mit unserer Hilfe wird die Lösung einfacher, denn wir unterstützen euch und tun alles, um euch beizustehen.

So möchte ich für heute schließen und euch nach und nach, unter Mithilfe anderer Lichtwesen, im Laufe des Buches die wahren

Qualitäten und Werte des Kosmos näherbringen.

Freut euch ihr Menschen, denn ihr kommt nach so langer Zeit wieder nach Hause. Das Rad und die Kette der Wiedergeburt wird dann nicht mehr existieren. Weder Krankheit, Leid, Schmerz und Streit, sondern Harmonie, Frieden und Glückseligkeit.

So sende ich euch meine Kraft, meine Freude und meine Unterstützung.

In Liebe

Michael

# Die vier Erzengelenergien

Erzengel Michael

Ich bin der Engel, der eurer Ebene, der irdischen Ebene am nächsten ist, und so mich auch in euren Worten am besten auszudrücken verstehe. So bin ich der männliche Aspekt unseres göttlichen SEINS und verkörpere die Materie, die Erde und bin der Krieger.

Erzengel Raphael

Geliebte, so, wie mein geliebter Bruder im Licht, Michael, der Krieger ist, bin ich der weibliche Aspekt seines Seins. So bin ich der Heiler. Wenn er mit seinem Schwert und seiner Vollmacht euch trennt von Mustern und altem Sein, so gleiche ich eure verschiedenen Körper, eure Emotionen mit meiner Schwingung aus. So bin ich wie Wasser, wie das Element Wasser, das ihr gut kennt. Ich bin sanft, ich heile. So wenn ihr emotional stark belastet seid, so ruft mich und meine Engel und ich gleiche eure feinstofflichen Energieflüsse aus. Ich harmonisiere eure feinstofflichen Körper und auch eure Chakren. Nur wisset, ihr müßt mich bitten, so daß ich euch helfen kann. Dies ist ein Gesetz des Kosmos. So sehen wir euer Leid und können doch nicht eingreifen. So empfindet auch meine Freude über das Erwachen dieses Planeten, auf das wir so lange gewartet und das sich nun manifestiert hat. So wisset, daß wir den Werdegang dieser Rasse und dieses Planeten von Anbeginn der Zeit verfolgen. So wisset, daß wir dem EINEN dienen und somit auch dieser Ebene des Seins. Dies ist ein Planet der Gnade. Denn der Vater ist die Liebe und alles Leid, alle Krankheit, die euch widerfährt, wird von euch, den Menschen, verursacht. Denn wisset, daß der Mensch das größte Raubtier in den Universen ist und das Tragische ist, daß er sich selbst die größten und tiefsten Wunden schlägt und dann auch Gott, den VATER, verantwortlich macht. So ergreift eure eigene Verantwortung. Erwacht und übernehmt die Verantwortung für euch, für eure Mitmenschen, für euren Planeten. So möchte ich für meinen Teil schließen. Ich danke euch, daß ich sprechen durfte und so möchte ich noch zwei weitere Engel, die ihr wohl kennt, begrüßen, ein weiteres Engelspaar.

Erzengel Gabriel

Ich bin Gabriel. Ich bin das Feuer und der Wille des VATERS. So teile ich das Wort des EINEN mit. So wisset, ein erwachter Mensch hat zu sein: ein Krieger, ein Heiler, ein Lehrer, aber in allererster Linie ein Diener des Lichtes und der Liebe. Ein Diener des EINEN, ein Diener des Göttlichen Plans. So herrscht in unserer Ebene des SEINS große Freude, große Freude darüber, daß der Mensch beginnt, die Schleier über seinem Bewußtsein hinwegzureißen und sein wahres SEIN, seinen wahren Ursprung zu begreifen. Das Wesen, das er in Wahrheit ist. Denn die Masse der Menschheit hat sich immer nur in ihrem irdischen Sein begriffen. Dies hat sich geändert. Große Bewußtseinserweiterung haben wir mit Hilfe der Lichtkinder, die auf der Erde verkörpert sind und mit Hilfe von anderen Wesen, die ihr noch nicht kennt, bewirkt. So wisset, daß der Vater erlaubt hat, in die Geschehnisse dieses Planeten einzugreifen. Dies ist eine große Gnade, die dem Menschengeschlecht zuteil wird. So möchte ich mich verabschieden und gebe das Wort weiter an meinen geliebten Bruder, der Herrscher über die himmlischen Sphären, an Uriel.

Erzengel Uriel

So grüße ich euch, der am weitesten entfernt von der Ebene eures SEINS. Ich bin Uriel und herrsche über die Universen, über die himmlischen Sphären, über die feinstofflichen Welten. So ist es mein Ruf, dem ihr Folge leistet. Ich bin es, der euch ruft, der euer Sehnen in eurem innersten SEIN ist, der in euch die Suche entfacht, das tiefe Sehnen nach Einheit und vollkommenem SEIN. So wisset, daß das Unglück dieses Geschlechtes entstand, weil ihr euch allein gelassen, auf euch gestellt, gesehen habt. Doch in Wirklichkeit habt ihr nur eure Herkunft vergessen, euch nicht mehr erinnert, euch eurem Ego und eurem menschlichen Sein und dieser Ebene unterworfen. Ihr wurdet manipuliert, zu Zeiten von Atlantis. Atlantis, das großen Anteil am heutigen Schatten hat. Denn wisset, sie haben auch die Gene des Menschen verändert. So rufe ich euch zurück, zurück in die eigentliche Sphäre eures SEINS. So arbeiten wir alle zusammen. So bin ich zu vergleichen mit dem Element der Luft, des Äthers. Ich bin in den Himmeln. Wenn mein Ruf erschallt, so erschallt er auf allen Ebenen des SEINS, durch alles SEIN und in allem SEIN. So auch in eurem Innern, wenn ihr weiterentwickelte Seelen seid. So rate ich euch, haltet eure Augen und Ohren offen. Seid offen. Ihr müßt offen sein für Veränderung. Denn Veränderung wird geschehen. Aber verlaßt euch in erster Linie auf euer eigenes Inneres, nicht auf das Außen. Fühlt in eurem eigenen Innern, ob die Sache Licht oder Schatten ist. Ihr müßt frei sein und frei bleiben. Wenn euch etwas die Freiheit nimmt, wenn ihr Verpflichtungen eingehen müßt, so ist dies nicht Licht. So fragt euer Inneres. Denn jeder unter euch besitzt einen Geistführer, den ihr fragen könnt. Jedoch nur in der Stille. So lernt wieder in die Stille, in euer eigenes Inneres zu gehen, in der Stille zu sein und das Außen zur Ruhe zu bringen. Denn nur dann werdet ihr mit den Ebenen unseres SEINS in Kontakt kommen. So sind wir voll der Freude über die Ereignisse, die stattgefunden und über die kommenden Ereignisse. Fühlt diese Freude in eurem Inneren, denn ihr reist mit eurem Planeten zurück. Zurück in das Herz des EINEN und somit wird ein

GOLDENES, ein EWIGES GOLDENES ZEITALTER auf euch zukommen. Leise und sacht, und doch immer mehr. Seid euch dies bewußt und nehmt an, was auf dem Weg dorthin geschieht. Denn wisset, Leben ist Veränderung. Weiterentwicklung ist Veränderung und das Annehmen können. Stillstand und Festhalten ist der Tod und nicht von uns gewollt. So lernt wieder, den Göttlichen Willen anzunehmen. Der Göttliche Wille, den meine geliebte Schwester Gabriel verkörpert. So sind wir, die vier, die vier Aspekte, die zusammen eine Einheit sind. So merkt euch die vier Aspekte:

Der Krieger  -  der Heiler  -  der Lehrer  -  der Diener

Dies gilt zu verwirklichen, um in Einheit zu SEIN. Denn in Wirklichkeit ward ihr niemals abgetrennt. Ihr habt euch nur abgetrennt und allein gelassen gefühlt. So haben auch diese Gefühle, verstärkt durch den Schattenring, den der Mensch selbst um diesen Planeten gelegt hat, euer Leid, euer Alleinsein, eure Krankheiten, euren Schatten, verstärkt. Doch wisset, ihr müßt euch in Einheit mit allem SEIN fühlen. Ihr seid nicht abgetrennt, sondern in Einheit mit allem, was da lebt.

# Kosmisches Christusbewußtsein

Seid gegrüßt. Ich bin das Kosmische Christusbewußtsein, das sich euch heute mitteilen möchte.

Seid gegrüßt, geliebte Brüder und Schwestern. So bin ich Träger des roten Farbstrahls für diese Ebene des Seins und gleichzeitig des klaren, weißen Farbstrahls, der alles vereint.

So sind viele meiner geistigen Kinder auf eurer Ebene des Seins gewandert, so auch heute. Denn ich gebe ihnen die Kraft, meine Liebe, meine Vollmacht, in diese Ebene des Seins, zu tragen. So möchte ich euch das Beispiel von Jesus, dem Christus, in Erinnerung rufen, obwohl er bei weitem nicht der einzige meiner Kinder. Doch von ihm, wißt ihr am meisten und doch so wenig.

So hat er euch Beispiel gegeben.

Das Beispiel der wahren, der einzig wahren, bedingungslosen Liebe des Kosmos. So habt ihr in vergangenen Zeiten wenig davon verinnerlicht und umgesetzt. Viele von euch waren auch inkarniert in den damaligen Zeiten.

Doch in diesen Tagen versteht ihr viel besser. So ist die Freude groß, daß viele von euch endlich annehmen und beginnen, ins Außen zu tragen.

Meine Schwingung ist die Liebe.

So war und ist die Liebe für euch kein Problem, solange es Freunde, Eltern oder den Partner betrifft. Auch eure Kinder.

Das, was der Menschheit so viele Jahrhunderte zu schaffen machte, war und ist die Liebe zu ihren Feinden. Zu Menschen, zu Brüdern und Schwestern, die anders als ihr. Anders in der Rasse, anders in ihrem Denken, anders in ihrem Handeln, anders in ihrem Status. Völlig verschieden von euch. Diese in Liebe anzunehmen, bedeutet die wahrhaftige Liebe meines Seins.

So hattet ihr auch enorme Schwierigkeiten mit der Vergebung, die auch einen Aspekt meines Seins ausmacht.

Vergeben, wie schwer fiel es dieser Ebene des Seins. So plappert ihr leicht Vergebung dahin, doch dies sind nur Worte. In Wahrheit geheuchelt, denn in eurem Innern habt ihr nicht vergeben. Durch Mangel an Vergebung habt ihr Karma erzeugt. Wieder und wieder mußtet ihr aus diesen Gründen inkarnieren. Doch anstatt aufzulösen und euch zu entwickeln, habt ihr euch immer mehr verstrickt in das Rad der Wiedergeburt. Das heißt, immer größeres Karma auf eure Schultern geladen, denn ihr habt nicht wahrhaftig verstanden, wollet nicht wahrhaftig verstehen, was meine Kinder euch brachten.

Die vielen Geschenke, die sie offen vor euch ausgebreitet haben, habt ihr mit Füßen getreten, wolltet ihr nicht.

So wißt ihr, daß meine Energie in jedem von euch wohnt. So habt ihr auch mich verachtet, indem ihr diejenigen verachtet, die meine Kinder sind und waren. Denn sie sind genauso zu sehen wie ich. Ich bin in eurem Innern, doch auch in eurem Außen. So solltet ihr nicht nur die Vollkommenen meiner Kinder achten, sondern auch den Christus in eurem Bruder und in eurer Schwester.

So fühlt euch nicht schuldig. Lernt in erster Linie, euch selbst zu vergeben. Laßt wirkliches Schuldgefühl los. Denn, wenn ihr dies nicht verinnerlichen könnt, könnt ihr keinem eurer Brüder und Schwestern wahrhaftig vergeben. So erinnert euch.

Ich sagte, die Freude ist groß. Denn immer mehr eurer Herzen öffnen sich meiner Gegenwart - meiner Energie. Wer meine Energie annimmt, dem eröffnen sich ganz neue Welten. Laßt euch nicht vorgaukeln vom Verstand und Ego, vom Außen, daß ihr schwach wäret, wenn ihr in meinem Herzen wohnt. Das Gegenteil ist der Fall. Ich bringe euch unendliche Kraft.

Unendliche Vollmacht.

Unendliches Verstehen.

Unendliche Liebe.

Unendliches Begreifen.

Ja, ich öffne euch Pforten zu neuen Welten.

Kraft meiner Vollmacht könnt ihr alles wandeln.

Kraft meiner Vollmacht versteht ihr, wer und was ihr seid.

Keines meiner Kinder war ein Opfer. Hat den Tod niemals als Opfer empfunden, sondern ging freudig in diese Energie. Hat im gleichen Moment der Qual allen Lebensströmen dieser Seinsebene vergeben. So groß das Vertrauen, der Glaube, das Begreifen und die Erkenntnis, so groß die Kraft der Liebe im Innern.

Bedenket, welche Kraft vonnöten, dies zu tun. Diese Kraft besitzt derjenige, der meine Liebe annimmt. Ich liebe euch. Nicht jedes meiner Kinder wurde oder wird gekreuzigt. Doch symbolisch ist die Kreuzigung im Innern zu vollziehen, um wahres Christusbewußtsein im eigenen Sein zu erreichen. Die wenigsten meiner Kinder sind im Außen und für alle offensichtlich gekreuzigt worden. Doch jedes meiner Kindern im Innern. So liegen alle Pfade in eurem Innern. Nichts braucht im Außen zu geschehen, wenn ihr im Innern geht. Doch Jesus, der Christus, wollte auf eigenen Wunsch, daß seine Kreuzigung im Außen vollzogen wird. Denn auch ich übe keinen Zwang aus. Wie könnte ich ? Ich, die Liebe.

Meine Liebe ist unendlich, nicht begrenzt.

Ich möchte mit jedem von euch Kontakt aufnehmen. Doch dies kann ich nicht, denn ich dränge mich nicht auf. Ich bin da und warte.

So grüße ich eine Energie, die meiner gleicht. Mit der ich gemeinsam Einheit verkörpere.

# Lady Nada

(weiblicher Aspekt des Kosmischen Christusbewußtsein)

Geliebte, ich bin Nada, der weibliche Aspekt des Christusbewußtseins. So habe ich eigentlich keinen eigenen Namen. Ich brauche ihn auch nicht.

Während der männliche Aspekt die Kraft, die Vollmacht verkörpert, verkörpere ich die Hingabe, das Annehmen, die Schönheit, die Freude, auch die Erkenntnis. Die gleichen Aspekte und Werte, nur die weibliche Seite dieser Energie.

So möchte ich euch die Augen öffnen für die Schönheit des Lebens. Ich möchte die Liebe tief in euer Sein senken, damit ihr die Schönheit, die euch täglich umgibt, seht. Denn oftmals seid ihr blind und nehmt die Schönheiten dieser Seinsebene nicht wahr. Doch sie sind da.

Achtet auf die kleinen Dinge. Lebt euren Tagesablauf mit wachem Bewußtsein, nicht wie Schlafende, nicht wie Roboter oder Maschinen, die nichts mehr wahrnehmen. Abgestumpft. Werdet euch eurer Stumpfheit bewußt, denn nur wenn ihr erfahrt, annehmt, wie stumpf ihr seid, könnt ihr etwas daran ändern. Könnt die Mauern und die Grenzen, die ihr selbst um euch und im Innern errichtet, niederreißen. Denn nur dann, wenn dies geschehen, kann die

Schönheit, die Freude, die Liebenswertigkeit, die zweifellos auch diese Ebene des Seins auch in dem heutigen Zustand besitzt, euch erreichen.

So sind auch meine Kinder auf diesem Planeten gewandelt. So ist das bekannteste zweifellos Nada. Wenn auch nicht jedem von euch bekannt. So sagt nicht, daß dies, was ich euch mitteile, unmöglich. Dies gaukelt euch euer Ego, euer Verstand, vor. Doch ich weiß es besser, denn es ist möglich. Wenn ihr bereit seid, wenn ihr es wirklich wollt, so könnt ihr kraft eurer Gedanken, kraft eures Empfindens, alles erreichen, wenn ihr wahrhaftig wollt. Wenn ihr die Mauern, das Stumpfe, fallenlaßt, wahrhaftig lebendig werdet, fließt, mit der Grundessenz der Liebe fließt. Habt keine Furcht. Gebt euch dem Fluß der Liebe hin. Was fürchtet ihr ?

Im Gegenteil, ihr möchtet euch schützen und verschließt euch dem Leben, nehmt euch selbst jegliche Freude und Lebensqualität. Weshalb ?

Weil die anderen dies so tun ?

Weil ihr irgendwann einmal verlassen worden seid ?

Ist dies ein Grund, euch selbst derart zu strafen ?

Denn ihr straft nicht die anderen mit eurem Verhalten. Nur euch selbst tut ihr das an. Entzieht euch jeglicher Liebe. Möchtet ihr das ?

Werdet euch bewußt, was ihr in Wahrheit tut. Viele sehen nicht, was sie sich selbst antun. Wenn ihr dies endlich begreift, dann seid ihr bereit, euch dem Leben und der Liebe zu öffnen. Bleibt nicht länger im Dunkeln. Ihr solltet es euch wert sein.

Begebt euch ins Licht !

Licht ist da und wartet auf euch. Laßt euch nicht entmutigen.

Bleibt offen !

Denn wenn ihr zumacht, verschließt ihr euch dem Licht. Seht, was ihr tut. Schaut bewußt, was ihr tut. Verlaßt die Pfade, die ihr solange gewandelt. Es ist möglich.

In Liebe ist alles möglich. Die Liebe ist die größte Macht. Jeder von euch hat vollkommenes Potential in seinem Innern. Ihr seid nicht abhängig von Liebe im Außen. Erschließt euer eigenes Potential im Innern und ihr werdet energetisch erstrahlen. Wie wundervolle Blumen, denn nur wenn ihr Liebe aus eurem Innern fließen laßt, wird Liebe zu euch zurückfließen. Geben und Nehmen. Erinnert euch ! Doch meistens wollt ihr nur Haben. Haltet krampfhaft fest. Dies ist energetisch Tod sein, nicht fließen lassen, klammern, Besitz halten, verteidigen. Dies ist nicht wahrhaftiges Leben. Dies ist nicht die wahre Liebe.

Geliebte, ich sehe euer Leid. Doch glaubt mir, jeder von euch kann, in dem er einen Schritt im Innern zur Seite geht, diesem Leid entkommen. In Wahrheit ist es einfach.

Diese Ebene ist gesegnet mit Schönheit, mit Liebe, mit Leben, wenn ihr es wollt. So erinnert euch an die Worte von Michael und Raphael, die sie euch so oft gesagt. Das Außen ist ein Spiegel eures Innern und dies entspricht der Wahrheit. Diese Worte könnt ihr beinahe jeder auswendig, und doch setzt ihr so wenig um. So kleben die Worte in eurem Geist, in eurem Verstand und ihr denkt, schon wieder dieselben Worte. Doch was sollen sie euch sagen, wenn ihr noch nicht verinnerlicht. Wenn ihr noch nicht begonnen habt, ins Außen zu bringen.

Ich liebe diese Ebene des Seins von ganzem Herzen.

Die Musik, die Natur, die Tierwelt. Die vielen Mineralien die ihr habt, strahlend schön. Die Erde - den Geruch der Erde. Ein Kinderlachen. Die helfende Hand eines Bruders, einer Schwester. Den schützenden Arm um eure Schulter, wenn es euch nicht gut geht. Den erwachenden Morgen. Den Wind in euren Haaren. Das Wasser, das euch dient, das euch reinigt, klärt, euch das Fließen lehren möchte. Die Ruhe der Nacht. Vogelgezwitscher. Die wunderschönen Gedichte, Erzählungen, die diese Ebene des Seins hervorbringt. Die Erfahrungen eurer Seele. Dies alles beherbergt diese Ebene. Die Schönheit zum Ausdruck bringen können.

Steht zu eurem Geschlecht. Egal welches Geschlecht ihr inne habt. Hört auf, euch gegenseitig zu bekriegen, denn ihr seid Einheit. In eurer Verschiedenartigkeit seid ihr Einhcit. Nehmt euch an ! Hört auf, Rollen zu spielen ! Es gibt keine Wertigkeit zwischen männlich und weiblich, denn der VATER ist Einheit. Wie sollte das eine oder andere mehr oder weniger Wert sein ? Nehmt die Mannigfaltigkeit, die Vielfalt des Lebens an. Lernt die wahre Liebe kennen und bringt die wahre Liebe immer mehr, immer besser, immer reiner, zum Ausdruck. Dies wünsche ich mir aus ganzem Herzen für diese Ebene des Seins. Dies ist Heilung. Wir möchten euch so gerne heil sehen, deshalb bemühen wir uns, freuen uns, wenn wir uns mitteilen dürfen. Wenn wir euch erreichen, so wie jetzt oder über euer eigenes Inneres. Doch die Heilwerdung habt ihr, jeder für sich, selbst in der Hand. Kein anderer. Jeder für sich selbst. Ihr seid nicht abhängig vom Außen. Begreift !

Geliebte, mein Herz ist weit und weich. Ich streue Rosenblätter der Feinstofflichkeit über eure Häupter. Ich unterstütze euch, denkt an meine Worte. Versucht manchmal, diese Ebene mit meinen Augen zu sehen. Sie ist wunderschön. Bemüht euch ! Jedesmal wenn ihr euch bemüht und erinnert, bedeutet dies einen kleinen Schritt ins Licht.

Geliebte, so möchten wir uns beide von euch verabschieden.

Wir danken euch, daß wir uns mitteilen durften. Wir gehen jetzt. Beide Energien.


Nada

Gott zum Gruß

*Lieber Michael, Lady Nada hat uns etwas über die innere Kreuzigung gesagt. Kannst du uns erklären, was dies genauer zu bedeuten hat?*

Geliebtes Kind. So wurde Jesus der Christus vor den Augen der Welt öffentlich ans Kreuz geschlagen, hat das Kreuz der Materie auf sich genommen, ging mit Beispiel voran. So ist diese äußere Demonstration nicht notwendig. Es genügt die Bereitschaft im Innern, das heißt, Kreuzigung des Egos, das heißt, vollkommene Hingabe in die Einheit, das heißt, den göttlichen Willen in Liebe vollkommen annehmen, sich hinzugeben, das heißt, sich nicht dabei als Opfer zu empfinden.

Innere Bereitschaft dein wahrhaftiges Sein zum Ausdruck zu bringen, sei es mit Nachteilen verbunden, sei es mit Ausschluß aus der Gemeinschaft verbunden. Ganz bei deinem inneren Sein zu stehen. Dein innerstes Sein, deine Göttlichkeit, ganz in dieser Energie zu sein und vollkommen zum Ausdruck zu bringen. Selbst, wenn es mit Nachteilen für dich verbunden ist. Wenn man mit dem Finger auf dich zeigt und noch Schlimmeres. Wer ist bereit, diesen Weg zu gehen? In Liebe.

# Meditation

## Reise zum Christus im Herzen

So möchten wir mit euch und mit der Energie des Christus

eine kleine Reise unternehmen, die euch zum Christus

in eurem Herzen führt.

So atmet tief ein und aus.

Atmet Licht und Liebe ein

und alles, was nicht dieser Schwingung entspricht, aus.

Gebt es ins violette Feuer der Reinigung.

Atmet Licht und Liebe ein

und eure Ängste, Sorgen und Nöte aus.

So seht eine weite grüne Fläche vor eurem geistigen Auge.

Nehmt nur diese Weite, das Grün, das frisch und rein,

wahr.

Laßt alles, was nicht dieser Reinheit entspricht,

weit, weit hinter euch zurück.

Nehmt nur das frische Grün

und die Weite dieser Landschaft wahr.

Ruhe und Frieden, absolute Harmonie herrschen hier.

Die Luft ist frisch und rein, die ihr atmet.

Liebe, Harmonie und Frieden herrschen hier.

So bewegt ihr euch in dieser Landschaft vorwärts

und ihr bemerkt,

daß ihr nicht lauft, nicht schreitet,

sondern eher

über diese Landschaft leicht erhoben schwebt,

daß ihr euch kraft eurer Gedanken fortbewegt.

Denn dort, wo ihr sein möchtet,

seid ihr in diesem Augenblick.

So schwebt über diese Landschaft

und genießt deren Anblick, deren Ausstrahlung.

Werdet ruhig, friedlich,

werdet Teil dieser Landschaft.

Genauso rein, grün und frisch.

Fühlt euch erneuert, leicht, frei.

So schwebt ihr fort,

bis ihr zu einem Strand gelangt,

der weiß, glitzernd, strahlend hell vor euch liegt.

Berührt den Strand mit euren Füßen,

nehmt den Sand in eure Hände

und während ihr ihn durch eure Finger gleiten laßt,

habt ihr das Gefühl,

glitzernder Sternenstaub rinnt durch eure Finger.

Überall, wo dieser Staub euch berührt,

schwingt ihr reiner, werdet noch leichter,

erneuert ihr euch.

Freude breitet sich aus, in eurem Sein.

So beginnt ihr langsam am Strand entlang zu gehen,

der unendlich weit vor euch liegt.

Das Rauschen des Meeres hört ihr in weiter Ferne.

Es macht euch Freude,

diese Reinheit in eurem ganzen Körper zu spüren.

So während ihr dahinschreitet,

seht ihr eine Gestalt weit vor euch.

Diese Gestalt trägt ein Gewand,

das aus reinem Sternenstaub zu bestehen scheint,

aus purem, reinschwingendem Licht,

kristallinem Licht.

So möchtet ihr diese Gestalt einholen,

denn sie zieht euch magisch an.

Ihr fühlt ein tiefes Sehnen,

diese Gestalt zu erreichen, bei ihr zu sein.

Und während ihr dieses Sehnen in euch empfindet,

schreitet ihr bereits Seite an Seite mit diesem Wesen,

das euch liebevoll

aus unendlich weichen, liebenden Augen anschaut.

Wie Balsam, Heilung empfindet ihr diesen Blick.

Tief taucht ihr ein.

So schreitet ihr Seite an Seite,

Hand in Hand mit diesem Licht,

mit dieser Liebe.

Und während ihr Seite an Seite dahinschreitet,

könnt ihr dieses Wesen fragen,

was immer ihr fragen möchtet.


Pause


So nehmt noch einen Augenblick, die Schwingungen,

die von dem Christus in eurem Herzen ausgehen,

in euch auf.

Nehmt Abschied, doch nur für jetzt und heute,

denn jederzeit könnt ihr diesen Ort und dieses Wesen,

diese Energie aufsuchen, so oft ihr möchtet.

Der Christus in euch wartet,

liebt euch, ist euer Bruder, lehrt euch.

So verabschiedet euch, umarmt diese Gestalt,

nehmt diese Schwingung der Liebe,

der absoluten wahren Liebe noch einmal in euch auf

und kehrt langsam zurück.

Verlaßt den glitzernden Strand aus Sternenstaub.

Vor euch liegt die grüne, weite Landschaft.

Leicht, frei, froh, in Frieden,

in Liebe schwebt ihr darüber hin.

So kehrt zurück in eure Körper.

Atmet tief ein und aus,

nehmt die Geräusche eures Atmens wahr,

beginnt euch zu bewegen,

und wenn ihr ein Ausatmen findet,

das sich für euch gut anfühlt,

so öffnet die Augen

und seid wieder ganz da im Hier und Jetzt

in diesem Raum und in dieser Gruppe.

*Meditation*

*Öffnen der beiden energetischen Herzen*

*rot und grün*

*So möchten wir mit eurem Herzzentrum arbeiten.*

*So schließt die Augen*

*und begebt euch in die Mitte eures Herzens.*

*Visualisiert einen Raum,*

*der leicht abgedunkelt vor euch liegt.*

*Betretet ihn ohne Furcht,*

*begebt euch in den Raum eures Herzens.*

*So zündet jeder für sich ein Licht*

*im Raum seines Herzens an*

*und es wird reiner, heller,*

*so daß ihr euch umblicken könnt und wahrnehmt.*

*Doch es ist noch nicht hell genug*

*im Raum eures Herzens.*

So beginnt den Raum eures Herzens zu öffnen,

denn es gibt zahllose Öffnungen, Fenster, Türen.

Macht die Läden auf, jeder für sich.

Macht die Läden auf,

die Türen auf, die Fenster auf,

und der Raum wird lichter.

Mit jedem Öffnen wird der Raum von mehr Licht,

Liebe, die von Außen einfluten kann,

durchdrungen.

Eure Freude wächst, je lichter dieser Raum.

Freudig öffnet ihr Fenster um Fenster.

Je lichter der Raum, umso mehr habt ihr das Gefühl,

daß er sich ausdehnt, größer und größer wird.

Laßt Licht in den Raum eures Herzens,

immer mehr Licht.

Licht der Einheit, der Liebe, der Heilung,

durchflutet den Raum eures Herzens,

durchflutet euer gesamtes Sein.

Freude, Erleichterung, Leichtigkeit breiten sich aus.

Jubel, das Licht der Einheit, erlöst und transformiert

was noch nicht seiner Qualität entspricht.

Nehmt an und transformiert in seine Schwingung.

Jeglicher Schmerz, jegliche Enttäuschung,

jegliches Gefühl nicht angenommen zu sein,

alles, alles wird durchflutet.

Liebe, Licht, wahre Liebe breiten sich aus.

Öffnet den Raum eures Herzens.

Er wird weit, weit und weiter, lichter, lichter,

von dunkelstem Rot bis hin zum sanftesten Rosa,

zarter, strahlender und noch lichter.

Laßt den Raum eures Herzens durchfluten.

Weit und weiter dehnt sich dieser Raum

bis hin zu einem anderen Raum,

den ihr bis jetzt noch nicht bemerkt.

Doch die Weite eures Herzens

öffnet euch auch diesen Raum, der zart grün schimmert.

Zart grün,

und der euch noch weiter ausdehnt.

Den jeder für sich, wenn er möchte, betreten kann.

Hier herrscht Einheit.

Kein ich und du, nur Einheit allen Lebens.

Dieser Raum bringt euch unendliche Weite,

tiefsten Frieden, keinerlei Trennung,

absolute Einheit, absolute Freude,

und doch empfindet jeder sein Sein,

und doch ist alles Eins.

Keinerlei Unterschied

zwischen den vielfältigen Lebensformen,

auch in diesem Raum könnt ihr die Fenster öffnen

und noch mehr Licht hereinlassen, wenn ihr möchtet.

Auch dieser Raum dehnt sich aus, wird lichter.

Freiheit, fühlt euch frei,

in Liebe mit euch, mit allem Sein.

Jegliche Furcht, jeglicher Schmerz,

jegliche Empfindung von Schuld wird transformiert.

Durch das Licht, das in euch hineinflutet,

in die Räume eurer Herzen.

Laßt euer gesamtes Sein,

die vielen Räume eures Seins durchfluten.

Jedes Atom, jede Zelle eures Seins wird zum Raum.

Überall könnt ihr kraft eures Bewußtseins

die Fenster, die Türen öffnen und Licht hineinlassen.

Jeder für sich.

Geliebte, so atmet tief ein und aus.

Kehrt zurück zum Bereich eurer Herzen, eures Brustkorbs,

füllt ihn mit Liebe, Licht.

Mit der Luft über euren Atem

seid ihr in Einheit mit allem Sein,

seid ihr in Verbindung Eins.

So atmet freudig tief ein und aus.

Nehmt die Bewegung eures irdischen Körpers bewußt wahr,

atmet tief ein und aus,

nehmt euch ganz langsam, sachte, zurück.

Kehrt zurück in das Hier und Jetzt,

ganz bewußt in euren Körper,

und wenn ihr bereit seid,

beginnt euch zu regen, zu bewegen, die Augen zu öffnen,

und seid wieder ganz im Hier und Jetzt,

in diesem Raum und in dieser Gruppe.

Geliebte, so möchte ich mich von euch verabschieden.

Vieles bleibt noch zu sagen,

vieles können wir noch gemeinsam erarbeiten.

Ich danke euch.

So möchte ich mich jetzt von euch verabschieden.

Harmonie, tiefster Frieden und das Licht der Einheit

sei allezeit mit euch.


Raphael

# Meister Kuthumi spricht

Geliebte Kinder der Erde.

Ich bin euch bekannt aus den Zeiten, als ich als Franz von Assisi auf diesem Planeten lebte. So möchte ich euch ganz herzlich durch die Kraft und Vollmacht, durch die ICH-BIN-GEGENWART, grüßen.

So bin ich in diesen Zeiten Hüter des gelben Farbstrahls. Und möchte euch die Qualitäten dieser Farbschwingung näherbringen.

Geliebte, die gelbe Farbschwingung wirkt auf euren Solarplexus. Auf eure Persönlichkeit, eure Individualität, euer Ego und eure Emotionen. So ist es wichtig, diesen Bereichen von euch besondere Aufmerksamkeit zukommen zu lassen. Denn der Solarplexus bildet die Mitte eures Seins. So ist es wichtig, daß dieses Chakra in Harmonie schwingt. Denn wenn dies nicht der Fall, wie könnt ihr dann höhere Wirklichkeiten in euch verwirklichen. So ist es dringend erforderlich, daß ihr in eurer inneren Schau genaustens euch beobachtet, aufrichtig seid, und euch der Arbeit in diesem Zentrum, das auf allen Seinsebenen wirkt, widmet. So gönnt euch eine große Zeitspanne der irdischen Zeitqualität.

Geht liebevoll mit euch um. Wenn ihr Fehler und Schwächen in euch verspürt, so verurteilt euch nicht. Macht euch keine Schuldgefühle oder laßt Minderwertigkeitsgefühle hochkommen. Nehmt euch mit liebevollem Verständnis und Wissen an. Vergebt euch. Und bemüht euch, euch zu läutern, reiner zu sein. Nehmt eure Emotionen an, und laßt sie zu. Doch beginnt, eine erweiterte Sichtweise allem gegenüber zu bekommen. Laßt es zu, daß nach und nach tieferes Verstehen, was mit Wissen gleichzusetzen ist, sich in eurem Gemüt ausbreitet. Wenn ihr euch mit unserer Sphäre bewußt verbindet und beschäftigt, so wird dies automatisch immer mehr der Fall sein.

Wenn ihr mit meiner Farbschwingung - dem gelben Farbstrahl - arbeitet, so ist dies sehr aufbauend für all eure Körper. Gelb ist die Sonnenenergie. Sonne ist Wärme, Freude, Glückseligkeit, Energie und Kraft, die euch in eurer Mitte stärkt.

Meditation

Innere Sonne


So möchte ich euch bitten,

die Sonne in eurer Mitte zu visualisieren.

Stellt euch vor, wie ihr direkt

mit eurer äußeren Sonne verbunden seid.

Und die Sonne eures Sonnensystems

eure innere Sonne nährt und speist.

Spürt die Sonnenenergie in eurer Mitte.

Wärme und Geborgenheit breiten sich aus.

Die Sonne in eurer Mitte beginnt zu strahlen,

zu leuchten, sich mit Energie zu füllen,

und sich in euren Körpern auszubreiten.

In alle Richtungen eures Seins.

So strahlt die Sonne durch eure Beine

bis in eure Zehenspitzen.

Sie strahlt nach oben bis hin zu eurem Herzen.

Sie strahlt über eure Arme

bis hin zu euren Fingerspitzen.

Die gereinigten und erhöhten Strahlen

erreichen Hals, Drittes Auge und euer Kronenchakra,

und strahlen darüber hinaus.

Über eure Körper und verbinden sich

mit eurem höheren Sein.

So daß ihr über die Ausläufer dieser Strahlen

mit eurem Höheren Selbst, dem Sonnenengel,

verbunden seid.

In gegenseitigem Nehmen und Geben.

So visualisiert und spürt dieses Strahlen

und Erfassen eurer Körper,

daß von der Sonne in eurer Mitte ausgeht.

Seht wie es euer gesamtes Sein erfaßt.

Bis ihr selbst in gelbem Licht der Sonne badet.

Bis ihr selbst die Sonne seid.

Ich bin die Sonne in mir und meinem Leben.

Ich bin strahlende Freude.

Ich bin liebevolle Kraft.

Kraft meiner Vollmacht,

der Ich-Bin-Gegenwart,

verströme ich diese Schwingung der Freude,

der Energie, des Glücks, der Zufriedenheit ins Außen.

Und schenke sie meinen Mitmenschen

und allen Lebensströmen dieses Planeten.

Ich bin die vollkommene Sonnenenergie,

der Ich-Bin-Gegenwart.

Ich kann mit dieser Kraft der inneren Sonne

alles erreichen, was ich mir wünsche.

Ich bin Harmonie, Gesundheit und Glück.

Glück und Zufriedenheit finde ich in meiner Mitte.

Wenn meine Mitte in Harmonie schwingt.

So seht euch, geliebte Kinder, als Sonne.

Fühlt euch als wirklicher Ausdruck

der großen Zentralsonne.

So seit ihr hier auf dieser Ebene des Seins,

um diese Schwingungen des Vaters

zum Ausdruck zu bringen.

So nehmt die Strahlung langsam

und behutsam in eure Mitte zurück,

bis die Sonne zu der Größe eines Ei´s

zusammengeschrumpft ist.

Fühlt die Sonne in eurer Mitte.

Seid euch der Sonne in eurer Mitte

jederzeit bewußt.

Erinnert euch, wenn ihr Sonnenenergie in eurem Alltag braucht. Wenn euch Widerwärtigkeiten im Außen begegnen. So erinnert euch, und strahlt die Sonne ins Außen. Erinnert euch, und laßt euch in Zukunft immer mehr nicht so leicht aus eurer Mitte bringen. Laßt euch nicht so leicht zum Spielball eures Außens machen. Ihr möchtet Meisterschaft über euer Leben erhalten, um eure Lebensqualität zu verbessern. Zuvor ist es aber vonnöten, daß ihr Meisterschaft über euch selbst, euer Inneres erlangt. Denn nur dann werdet ihr nach und nach Meister eures Seins. So beginnt die Arbeit in eurem Innern.

So möchte ich euch noch viel mehr über die Qualitäten der gelben Farbschwingungen berichten.

Die gelbe Schwingung bringt euch tiefes Verstehen und tiefes Wissen, was hinter den Dingen steckt. Wenn ihr mit gelb arbeitet, so werdet ihr bewußter. Ihr versteht dann immer mehr die Sprache eures Planeten. Die Sprache eures Umfeldes, die Sprache der Dinge, die in eurem Alltag passieren, die Sprache der Situationen die euch begegnen, die Sprache der Vorfälle, die euch scheinbar immer wieder treffen, die Sprache der Tiere, die Sprache der Pflanzen, die Sprache eurer Mutter Erde, die Sprache des Kosmos und somit die Sprache der ICH-BIN-GEGENWART. So habe ich mich zu meinen Lebzeiten, besonders in dem Leben, das euch am bekanntesten, mit diesen Sprachen auf allen Ebenen des Seins beschäftigt. So habt ihr sicherlich gehört, daß ich der Sprache der Tiere und der Pflanzen mächtig. Dies entspricht der Wahrheit. Doch ich bin auch sämtlicher anderer Sprachen mächtig.

Dies ist wichtig, um zu verstehen, um über bewußtes Verstehen, Wissen und Meisterschaft über sich selbst zu erlangen. So hilft euch meine Farbschwingung, dies beschleunigt zu erreichen. Werdet bewußter. Seht den tieferen Sinn in allen Dingen die euch begegnen. Hinterfragt, was hat das mit mir zu tun. Was möchte mir dieses Ereignis sagen ? Inwiefern habe ich die Ursache für diese Situation gelegt ? Denn bedenket, alles was euch begegnet, habt ihr selbst für euer Leben, für euer Sein angezogen. Ihr seid der Regisseur eures Lebens und sonst niemand. Wenn dies so ist, so werdet ihr verstehen, daß wenn ihr an euch arbeitet, an euren Gedanken, Gefühlen, Worten und Handlungen, daß sich dann aus der Folge daraus, euer Leben ändern wird.

So versteht den Sinn eures Hierseins und macht dieses Verstehen zu innerem Wissen. So hilft euch die gelbe Farbschwingung, die Verwirrung, die Zerrissenheit, das Auseinanderdriften von Gefühl und von Verstand zu lesen.

So ist es eine logische Folge, daß wenn ihr in euch Verstehen und Wissen tragt, daß ihr aus diesem inneren Wissen, mit eurem Leben, mit euren Entscheidungen besser zurechtkommt. Denn ihr entscheidet dann nicht spontan aus euren Emotionen heraus, sondern aus eurem inneren Wissen, aus eurem inneren Verständnis der Dinge heraus. Ihr wißt dann und kennt den Sinn der Dinge, die euch begegnen. Ihr werdet sicher in euren Handlungen. Ihr kennt dann eure Bestimmung, euren Weg. Ihr habt dann die Kraft, zu eurem tiefsten Innern zu stehen. Die Kraft, dem Weg eurer Bestimmung zu folgen. Ihr habt die Kraft, aus eurer Mitte zu handeln und nicht euch ausschließlich vom Verstand, Egodenken und vom Außen leiten zu lassen, so daß ihr innere Unabhängigkeit erreicht.

Die Pflanzen und Tiere und das Erdreich eures Planeten sind liebevolle Diener des Lichtes der ICH-BIN-GEGENWART, und indem sie der ICH-BIN-GEGENWART dienen, dienen sie euch. So hat alles, was eurem Planeten angehört, eine Aufgabe zu erfüllen. So hat jedes Tier, jede Pflanze, jeder Stein eine Bestimmung, der er folgt. So macht euch Gedanken darüber, denn jedes Sein auf diesem Planeten hat euch etwas zu sagen, wenn ihr es mit bewußten Augen seht, wenn ihr es in der Stille beobachtet, euch bewußt mit diesem Lebensstrom - ob Tier, Pflanze oder Erdreich - liebevoll verbindet.

So dienen euch alle Lebensströme in eurem Lernprozeß. Sie sind liebevolle Diener eurer seelischen Weiterentwicklung und Vervollkommnung. So schließe ich auch nicht eure menschlichen Brüder und Schwestern aus. Auch sie sind Diener eurer seelischen Weiterentwicklung. Euer Leben ist ein ständiger Lernprozess. Wenn ihr bewußt durch euer Leben geht. Dies ist die Gnade, die diesem Planeten eigen. Dies ist das Geschenk eures Hierseins. Euch in der Erfahrung der Materie weiterentwickeln zu dürfen. Mit eurer Weiterentwicklung den Planeten weiterzuentwickeln, anzuheben und ins Licht zu transformieren. In gegenseitigem, liebevollem Geben und Nehmen. In gegenseitiger Achtung und Respekt. In gegenseitiger Liebe und mit gegenseitigem Vertrauen. In gegenseitiger Toleranz. So beginnt, das Leben jedes Lebensstroms, der dieser Sphäre eigen, zu achten und liebevoll anzunehmen. Denn so wie ihr mit dem Leben umgeht, wird das Leben mit euch umgehen. Erinnert euch. Dies ist ein kosmisches Gesetz. Ursache und Wirkung.

So möchte ich für heute meine Auslegungen beenden.

Ich nehme euch in meine Arme, geliebte Brüder und Schwestern der Erde. Wissen, Freude und Kraft schenke ich heute für diesen Tag und alle, die noch kommen werden.

Gott zum Gruß

Kuthumi

# Übung im goldgelbem Raum

So möchte ich, daß Ihr einen Raum visualisiert, den ihr in goldgelbes Licht taucht. Das Licht der Sonne, der Wärme, der bedingungslosen Liebe. So stellt euch inmitten dieses Raumes, und fühlt diese Schwingungen. So möchte ich, daß ihr eine Person eurer Wahl, mit der ihr Schwierigkeiten habt, mit der ihr nicht gut seid, zu euch in diesen Raum stellt, so daß auch diese Person diese Schwingungen genießen kann.

So möchte ich, daß ihr vor eurem inneren Auge seht, wie alles was in Disharmonie war, sich auflöst, und zu goldgelber Strahlung transformiert wird. Bis nichts mehr Belastendes besteht, so daß ihr euch in Freude, Harmonie und Frieden umarmen könnt.

So füllt dieses Bild kraft eures Gefühls und eurer Empfindung. Umso wirkungsvoller ist diese Übung, denn dies ist Arbeit im feinstofflichen Bereich.

Ihr wißt, je mehr ihr dies mit Empfindungen erfüllt, umso mehr manifestiert es sich, auch in der Materie.

So möchte ich, daß ihr zurückkehrt in diesen Raum und über euren Solarplexus, die Schwingung goldgelb aufnehmt, die ich in diesen Raum sende. Atmet tief und stellt euch vor, wie eine kleine Sonne in eurem Kopf aufgeht. Die euch nährt, deren Strahlen über alles in euren verschiedenen Körpern fluten.

# Übung

## Austausch und Verbindung
## mit jeglicher Form des Lebens
## Beispiel Blume

Alles, was existiert, ist Einheit, ist Ausdruck des EINEN. So solltet ihr euch auf die Frequenz, auf die Schwingung des Objektes mit dem ihr Resonanz herstellen möchtet, euch austauschen möchtet, einstellen.

So bleiben wir beim Beispiel der Blume. So solltet Ihr zunächst euch reinigen, den Alltag, eure Gedanken, Sorgen, Ängste, Befürchtungen, alles Belastende, verabschieden. Atmet alles, was ihr nicht mehr möchtet, aus. Transformiert durch die violette Heilflamme. Gebt alles, was ihr nicht mehr in Eurem Sein haben möchtet, ins violette Feuer der Reinigung.

So atmet so lange ein und aus, füllt euch mit dem Licht der Einheit, atmet Licht ein und alles, was ihr nicht mehr haben möchtet, aus, bis ihr selbst zum wahren Licht, zum strahlenden Licht der Einheit werdet. Wenn ihr diesen Zustand erreicht, so öffnet die Augen und laßt euch auf die Blume ein.

Beginnt dann damit, die Blume einzuatmen. Geruch, Farbe, Bild, zieht die Blume in euer Inneres. Stellt einen Kreislauf zwischen der Blume und euch her. Das heißt, ihr atmet die Schwingung, die Ganzheit der Blume ein, und die Schwingung, eure, auch die der Blume, wieder aus. Laßt Liebe fließen, gebt der Blume Schwingungen zurück. Stellt euch den Kreislauf vor. Tut dies eine Weile, bis ihr ganz klar Verbindung habt. Dies kann so weit gehen, daß ihr eins werdet mit der Blume, und die Blume mit euch.

So stellt ihr euch auf die Schwingungen anderer Lebensströme des EINEN ein. Dies könnt ihr mit allem tun. So bedarf dies einiger Übung, der eine wird es in Kürze beherrschen, der andere braucht mehr Geduld. Doch auch dies sind Lernaufgaben. So gebt nicht auf, seid nicht enttäuscht, ihr könnt dies nicht kraft eures Willens beeinflussen. Erinnert euch, ihr habt alles loszulassen, leer zu sein, ohne Erwartung. So wenn die Blume in euch ist und ihr in der Blume, so könnt Ihr Gespräche führen, euch austauschen.

*Meditation*

*Erzengel Raphael stimmt auf ein Seminar ein*

Seid gegrüßt, ich Raphael, bitte euch, die Augen zu schließen.

Atmet tief ein und aus. So wird euch meine Energie umhüllen.

Stellt euch den dunkelblauen Nachthimmel vor,

der Ruhe und Frieden verheißt.

So atmet tief ein und aus.

Atmet Ruhe, Frieden und Harmonie ein

und atmet alles, was nicht dieser Qualität entspricht, aus.

Laßt eure Sorgen, Ängste, den Streß aus euch herausfließen.

Mit jedem Ausatmen laßt ihr Ängste,

Sorgen, die Hektik, den heutigen Alltag los.

Gebt der Schwingung von Harmonie, Frieden, Liebe, Raum.

Erweitert euer Bewußtsein.

Laßt den Alltag, den Weg hierher, die Jagd los.

So bewegen wir uns für den Zeitraum dieses Seminares

auf anderen Ebenen des Bewußtseins.

So werdet ihr vieles erkennen. Vieles verstehen,

vieles mit neuen Augen betrachten.

Manches auch lösen. Raum schaffen für Neubeginn.

So wird das Loslassen, das Vergeben, die Liebe,

Zentralthema dieser Tage sein.

So möchten wir euch unterstützen, daß diese Energie,

mit der ihr in Berührung kommt,

euch leichter durch den Alltag trägt.

So daß ihr immer besser

beide Seinsebenen Himmel und Erde,

in Einklang bringt.

So auch eure eigenen, verschiedenen Seinsebenen.

So daß Einklang und Harmonie in euch ,

in den Wesen die ihr seid, herrscht.

So wisset, daß jeder von euch für sein Sein

selbstverantwortlich zeichnet,

das heißt, in Wahrheit entscheidet

euer eigener Geist,

wie er sein Leben gestalten möchte.

Euer unsterblicher Geist hat große Kraft.

Das Wissen, diese Kraft für euer Sein

und die ganze Seinsebene zu nutzen,

ist euch verlorengegangen.

So öffnet euer Herz.

Macht euch weit und lernt.

Nehmt diese Tage mit all euren Seinsebenen in euch auf.

Laßt zu, erschließt euch neue Räume.

So atmet Harmonie, Frieden und das Licht der Liebe

in euer Sein.

Laßt alles Belastende los

und macht euch das Geschenk.

So möchte ich, daß ihr ganz bewußt

wieder ein- und ausatmet.

Eurem Atem lauscht.

Atmet tief in euren Bauch ein und langsam wieder aus.

Fühlt euren Körper

und kommt wieder ins Hier und Jetzt.

Meditation
Farbe ist Schwingung


Heute möchten wir uns auf die Harmonie der Farben einstellen.

So schließt eure Augen und folgt meinen Worten.

Ich bin Raphael, die zu euch spricht.

So atmet tief ein und langsam wieder aus.

Atmet das klare Licht,

das vollkommene klare, strahlende Licht ein

und bei jedem Ausatmen laßt den Alltag los.

Eure Sorgen, Ängste, Zweifel.

Eure Unzufriedenheit, alles, was euch belastet.

Alle Emotionen, laßt los mit jedem Ausatmen,

laßt sterben, was ihr nicht braucht

und atmet das klare, helle Licht.

Laßt los, was euch belastet.

Fühlt, wie sich das klare Licht in eurem Sein ausbreitet.

Ruhe, Frieden, Einheit.

So möchte ich, daß ihr euch vorstellt,

wie sich aus eurem Handchakra ein Band löst,

ein Band aus hellem, klaren,

vollkommenen Licht der Einheit.

Und langsam aus diesem Raum durch das Universum,

durch die anderen Universen bis an eine Pforte, schwebt.

Folgt gedanklich diesem Band

aus klarem, strahlendem Licht.

Je weiter es sich entfernt, umso transparenter,

funkelnder, strahlender wird seine Qualität.

So gelangt das Band und ihr, kraft eures Bewußtseins,

an die Pforte.

Mühelos schwebt und gleitet das Band

durch diesen Durchgang, und ihr mit ihm.

Nun befindet ihr euch jenseits von Zeit und Raum.

In der absoluten Stille. In der Einheit.

Das Band schwebt weiter, zurück zu seinem Ursprung

und ihr folgt dem Band, das euer Führer ist.

An diesem Ort angelangt,

herrscht nur Friede, Ruhe, ihr seid heil,

alles was euch in eurem irdischen Sein wichtig erscheint,

ist hier unwichtig.

Denn hier wird euch bewußt,

wer und was ihr in Wahrheit seid.

Geist vom wahren Geist.

Dies ist, was Leben ausmacht.

So ruht euch einige Augenblicke im Licht der Einheit,

im kristallinen Herzen des Einen aus.

In diesen Sphären herrscht Klang und Farbe.

Alles ist Schwingung.

So wird euch bewußt, daß auch alles Leben,

das ihr kennt, Schwingung ist.

Daß die Schwingung auf verschiedenen Frequenzen schwingt.

Sogar die dichteste Materie ist Schwingung.

So heruntertransformiert, daß es euch fest

und undurchlässig erscheint.

Auch euer irdischer Körper ist Schwingung.

Ist viele Atome, die jedes einzelne für sich schwingend,

so verdichtet, daß euer irdischer Körper

euch fest und stabil erscheint.

Doch alles schwingt.

Jedes Atom, jede Zelle, jegliche Existenz

in allen Universen ist Schwingung.

So könnt ihr kraft eurer Gedanken, Gefühle und Worte

Schwingung erschaffen und verändern.

Denn Geist ist ebenfalls Schwingung.

So reist langsam

entlang dem klaren, transparenten Band aus Licht

zurück zur Durchgangspforte,

und betretet wieder, die euch bekannten Universen.

Auf der anderen Seite angekommen, teilt sich das Band

und ein Regenbogen entsteht, der alle Farben der Einheit,

die vollkommenen Farben des Einen enthält.

So gleitet entlang des Regenbogens, zurück nach Hause.

So enthält jeder Teilaspekt, jede Farbe,

die in ihrer Gesamtheit

wieder das weiße Licht der Einheit ergeben,

die vollkommenen Qualitäten und Aspekte

des Göttlichen Seins,

mit denen ihr arbeiten könnt, wenn ihr möchtet.

Während ihr euer Universum betretet, entlang des Regenbogens,

wird euch bewußt, daß ihr in einem Regenbogentraum lebt.

Denn in Wahrheit seid ihr hier,

um die Teilaspekte eurer Seele

entsprechend den wahren Qualitäten zu vervollkommnen.

So gleitet sanft zurück.

Grüßt eure Mutter, die Erde, gleitet zurück.

Seht diesen Ort, kommt zurück in diesen Raum

und in euren Körper.

So atmet tief ein und aus. Nehmt eurer Atmen mit eurem Gehör wahr. Fühlt euer Bewußtsein in euren Zehen, bewegt eure Zehen, bewegt die Hände, eure Glieder und wenn ihr bereit seid, öffnet eure Augen und seid wieder ganz im Hier und Jetzt und in diesem Raum. So möchte ich mich von euch verabschieden, ich grüße euch im Licht der Einheit.

Raphael

Meditation
Violettes Feuer
Erschaffen der dunkelblauen Lichtsäule


So möchte ich, daß ihr tiefen Frieden einatmet.

Frieden und Ruhe.

Und alles, was nicht dieser Qualität entspricht,

mit jedem Ausatmen loslaßt.

Übergebt alles dem violetten Feuer der Reinigung.

Tut dies auch für euch alleine.

Denn dadurch wird alles transformiert

in höhere Schwingungsfrequenz.

Belastet nicht eure eigene Ebene mit eurem Tun,

sondern übergebt alles der violetten Flamme der Reinigung.

So atmet Frieden, Ruhe, Harmonie.

Laßt das Außen, eure Ängste, Sorgen und Nöte los.

Gebt es ins violette Feuer der Reinigung.

So möchte ich heute mit euch

die dunkelblaue Lichtsäule errichten.

So atmet dunkelblau, den Nachthimmel. Ruhe, Frieden.

Atmet dunkelblau in euer Sein.

Laßt dunkelblau durch euch strömen, fließen.

In der Ruhe, in der Stille, in der Zentriertheit

liegt die Kraft.

In der Stille findet ihr Kraft,

Erholung und Erneuerung.

In der Stille geht ihr in Verbindung

mit eurem wahrhaftigen Sein.

In der Zeit eures Schlafes bewegt ihr euch auf Ebenen,

die eurem wahrhaftigen Sein wesentlich näher kommen.

Laßt den Frieden, den euch die Stimmung dunkelblau bringt,

tief in euer Sein.

Laßt diese Schwingung sich ausbreiten

in all euren Atomen, Zellen,

in all euren Körpern und Ebenen.

Ruhe und Gelassenheit breiten sich aus.

In diesen Momenten erkennt ihr, daß das Außen unwichtig,

daß ihr, wenn ihr euch in der Stille besinnt,

euren wahren Kernen nahekommt.

Begreift, wer und was ihr seid.

Welcher Sinn hinter eurem Hiersein liegt.

In diesen Momenten begreift ihr

die Wahrheit hinter der Illusion.

So nehmt die Schwingung dunkelblau tief in euch auf.

Visualisiert, wie dunkelblau sich ausbreitet.

Ruhe und Frieden.

Der Friede in euch macht möglich, klar zu sehen,

wirklich zu verstehen.

Gibt euch Kraft und Erholung.

Gibt euch die Ruhe und Gelassenheit.

Gibt euch wahres Erkennen,

die Grundlage loslassen zu können, vergeben zu können,

die dienende Liebe annehmen zu können,

sich hingeben zu können.

So seht euch in dunkelblau leuchten.

Ruhe und Frieden.

Die Weiblichkeit die nährt, die sich hingibt,

die Anmut, die kraftvoll die Form gibt,

so daß dunkelblau aus all euren Zellen

in die Mitte des Raumes strömt.

Aus euren Handchakras, laßt fließen,

visualisiert, wie in der Mitte des Raumes

eine Säule aus dunkelblauem Licht entsteht.

Laßt dunkelblau aus jeder Pore eures Seins strömen

in die Mitte diese Raumes

und visualisiert eine Lichtsäule, die sich erhebt.

Visualisiert, wie sie sich über diesen Ort erhebt.

In den Himmel steigt, noch weiter den Kosmos erreicht,

wie sie sich von dort ausbreitet, flutet

und wie ein schützendes Band um den Erdball legt.

Visualisiert eure Mutter, die Erde,

umgeben von dem blauen, dunkelblauen Band.

Laßt den Erdball von dieser Qualität

und dieser Schwingung durchdringen.

Schenkt eurer Mutter Frieden, Harmonie, Ruhe,

Erholung, Nahrung, nährt eure Mutter.

Gebt ihr in dienender Liebe das Geschenk dieser Schwingungen.

So fühlt, wie dunkelblau aus all euren Zellen strömt,

die Lichtsäule speist, die vom Kosmos aus

das Band um den Erdball webt,

und mit dieser Energie eure Mutter ernährt.

Segnet eure Mutter für die Liebe, die Nahrung,

das selbstlose Dienen,

daß sie euch Aeonen der Zeit entgegengebracht.

Achtet ihre Hingabe an alle Lebensströme,

so wie sie euer Geschenk,

das ihr heute ihr entgegenbringt,

in Liebe annimmt und achtet.

Dies ist gegenseitige Achtung.

Leben achtet Leben,

Liebe achtet Liebe, denn ihr seid in Einheit.

So haltet noch einige Momente dieses Bild

vor eurem geistigen Auge.

Fühlt, wie dunkelblau durch euer Sein strömt.

Sich aus eurem Sein in die Mitte dieses Raumes ergießt.

Sich erhebt.

Vom Kosmos aus sich um den Erdball begibt,

und die Energie den gesamten Planeten

mit all seinen Lebensströmungen zuteil wird.

So nehmt euch langsam, ganz allmählich, jeder für sich

und nach seinem Rhythmus, zurück.

Laßt dunkelblau in eurer Sein zurückfließen.

Nehmt es auf in euer Sein. Nehmt euch zurück.

Verinnerlicht diese Schwingungen

in einen kleinen Punkt in der Mitte eures Seins.

Hier findet ihr alle Zeit in euch Frieden, Ruhe,

Gelassenheit,

wenn ihr dieser Energie bedürftig seid.

Erinnert euch, diese Energie ruht in jedem von euch.

So atmet tief ein und aus.

Nehmt euer Atmen akustisch wahr.

Beginnt euch zu regen und bewegen

und seid wieder ganz im Hier und Jetzt.

Schlagt die Augen auf

und seid wieder in diesem Raum und in dieser Gruppe.

So danke ich für das Dienen in Liebe gemeinsam mit euch.

Raphael

# Anrufung
## Klares Licht der Einheit

Geliebte, so möchte ich mit euch eine Anrufung
oder ein Gebet, wie ihr es nennen möchtet ist unbedeutend,
formulieren.
So kann jeder von euch die Augen schließen oder auch nicht,
wie es euch gefällt.

So rufe ich die Flamme der Einheit.
Geliebtes Licht der Einheit, senke dich hernieder
und berühre all mein Sein.
Strahle dein Licht der Reinheit, des Verstehens,
des Wissens, der Erkenntnis in all meinen Körper.
Ich bedarf deiner, denn ohne dich bin ich verloren,
finde nicht den richtigen Weg,
der mich aus all den Wirren meines Lebens führt.

Geliebtes Licht der Einheit, erfasse all mein Sein.
Ich öffne mich deiner Präsenz, durchdringe all mein Sein,
jedes Atom, jede Zelle möchte in deinen Schwingungen sein.
Durchflute mein Herz, damit ich die Wahrheit erkenne,
denn du bist die Wahrheit. Ich bin die Wahrheit.

Wenn ich mich der Wahrheit öffne
und deine Gegenwart annehme und zulasse,
so wandle ich im Licht der Einheit allen Seins.
So werden meine Wege klar.
Ganz klar kann ich mit deiner Hilfe unterscheiden,
denn wenn ich dich annehme, bist du alle Zeit bei mir.


Geliebtes Licht der Einheit, strahle und erhelle all mein Sein.
Laß mich Deine Schwingungen zum Ausdruck bringen,
damit ich Licht für alle anderen Lebensströme sein kann.
Ich diene der Einheit.


Geliebtes Licht der Einheit, so verbinde ich mich mit deinem Sein,
denn in Wahrheit sind wir immer Eins.
So habe ich es teilweise vergessen,
doch wenn ich mich erinnere,
so bin ich Eins.
Ich bin du, du bist ich.
So bitte ich dich, erinnere mich, wenn ich es vergessen sollte,
denn du bist rein und klar und vollkommen.


So erfasse mein Sein, damit ich deine Qualitäten
immer mehr zum Ausdruck bringe
und immer weniger den Täuschungen unterliege.

Geliebtes Licht der Einheit. Ich und du sind Eins.

Ich bin Licht von deinem Licht. Niemals getrennt.

So durchleuchte nicht nur mein Sein,

sondern erfasse diese ganze Ebene des Seins,

das gesamte Universum und breite dich aus,

bis alles dir gemäß.

Ich danke dir.

Geliebte, so könnt ihr dieses Gebet wiederholen, doch auch ein eigenes, dies ist nicht von Bedeutung. Von Bedeutung ist, daß ihr Worte und Gedanken mit euren Gefühlen und Empfindungen füllt. Das heißt, Herzenergie soll beteiligt sein, denn dies gibt den Affirmationen, den Gebeten, den Anrufungen, Leben, Kraft und Energie.

Meditation

Violette Flamme

Transformation und Auflösung von Karma


Seid gegrüßt, ich Raphael wandle in eurer Mitte.

So möchte ich euch die Flamme der Reinigung

zur Verfügung stellen

und euch bei diesem Prozess zur Seite stehen.

So visualisiert in eurer Mitte

die violette Flamme der Reinigung,

der Transformation, der Loslösung,

der Harmonisierung, der Heilwerdung.

So atmet die violette Farbschwingung ein,

und alles, was nicht dieser Qualität entspricht, aus.

Laßt es sanft in die Flamme gleiten und beobachtet,

wie alles in höhere Schwingung transformiert wird.

So atmet violett ein, und alles andere aus.

Violett ist absolute Harmonie, Einswerdung,

Aufhebung der Polaritäten, Einheit allen Seins,

tiefer Friede, Ruhe.

So fühlt, wie violett sich in eurem Sein ausbreitet,

tiefer Frieden, das Wissen,

wer ihr in eurem tiefsten Kern in Wahrheit seid,

alles Andere ist nicht von Bedeutung.

Euer tiefstes Inneres ist in Wahrheit das Wesen,

das Leben ausmacht.

So bringt dieses Wesen immer besser,

immer mutvoller ins Außen,

denn alles andere sind Schichten der Verkleidung,

die ihr im Laufe der Zeiten angelegt habt,

um dieses Wesen zu verbergen, aus verschiedenen Gründen.

So habt ihr nun, Schicht um Schicht loszulassen,

damit dieses Wesen, das ihr seid,

wieder zu seiner ursprünglichen Freiheit,

zu seinem wahrhaftigen Leben zurückfinden kann.

So möchte ich euch bitten, jeder für sich

mit all seinen Körpern

bewußtseinsmäßig in die Flamme einzutreten.

Habt keine Furcht,

begebt euch ins violette Feuer der Reinigung.

Fühlt die violette Kraft der Flamme euch erfassen.

Jede Zelle, jedes Atom, alles wird von ihr erfaßt,

schwingungsmäßig erhöht, gereinigt.

Fühlt das Feuer im Außen, wie im Innern,

fühlt, wie es all eure Körper erfaßt,

euer gesamtes Sein,

alles in höhere Schwingung transformiert.

So möchte ich, daß ihr im Innern, jeder für sich,

folgende Worte wiederholt:

Ich rufe das Gesetz der Vergebung,

vergebe mir alle Fehler, den Wesen die ich war,

vergebe ich alle Fehler,

alle Ursachen, die die Wesen legten,

und die daraus resultierenden Wirkungen,

sollen aufgelöst und transformiert werden.

Wie ich den Wesen, die ich war, vergebe,

so vergebe ich auch den anderen.

So möge das kosmische Gesetz der Vergebung wirken.

So rufe ich das Gesetz der Vergebung

und vergebe dem Wesen, das ich bin,

all die Fehler, die es gemacht. Ich lasse los.

Ursache und Wirkung

sollen aufgelöst und transformiert werden.

Ich bitte das kosmische Gesetz der Vergebung zu wirken.

So, wie ich mir meine Fehler vergebe,

meine vermeintliche Schuld,

so vergebe ich den anderen.

So rufe ich das kosmische Gesetz der Vergebung

und vergebe all die Fehler, den Wesen,

die ich noch sein werde.

Liebe, Frieden, Harmonie sei mit ihnen.

So wie ich den Wesen, die ich noch sein werde, vergebe,

ihnen Frieden, Liebe, Heilung wünsche,

so wünsche ich es auch für die anderen.

Das kosmische Gesetz der Vergebung möge wirken.

So rufe ich das kosmische Gesetz der Vergebung,

dem die wahre Liebe zugrunde liegt.

Ich bitte dich, lehre mich deine Vergebung,

gib mir die Kraft, wahrhaftig vergeben zu können,

kraft meines Herzens.

Damit ich lerne in Wahrheit aufzulösen

und wahrhaftig zu transformieren.

Damit ich lerne, mich selbst zu befreien,

wahrhaftig loslassen zu können, sein lassen zu können.

Denn dann kann ich neu beginnen, neu anfangen,

um das zu sein, was ich in Wahrheit schon immer bin.

So bitt ich Dich, mich dies alles zu lehren,

damit ich kraft meines Herzens, meine göttliche Vollmacht

wahrhaftig verstehe und begreife.

*So dank ich dir.*

*Geliebte, so trete jeder für sich.*

*aus der violetten Flamme heraus,*

*und begebe sich wieder in seinen irdischen Körper.*

Atmet tief ein und aus, nehmt euren Atem wahr, und kommt zurück in diesen Raum, in diese Gruppe und ins Hier und Jetzt. Ich danke euch. Harmonie, Frieden und die Liebe des EINEN sei mit euch. Raphael

Meditation
Aktivierung des violetten Kristalls
im Dritten Auge

So atmet tief ein und aus. Atmet aus, was euch belastet,

was ihr nicht mehr in eurem Sein haben möchtet,

und atmet ein die Klarheit,

das helle kristalline Licht der Einheit,

visualisiert, wie es durch euren Körper strömt,

und alles,was nicht seiner Qualität entspricht,

sanft verdrängt.

Atmet aus mit jeder Zelle, jedem Atom,

was nicht dieser Qualität entspricht. Laßt einfach los.

Nehmt den fallenden Regen wahr, laßt das Geräusch

in euer Bewußtsein dringen, empfindet dieses Fließen

gleichfalls als Reinigung eurer verschiedenen Körper.

Denn Regen reinigt die verschiedenen Körper des Planeten,

denn auch er wird ständig transformiert, laßt los,

was der erhöhten Schwingung nicht gemäß.

So gebt ab, visualisiert in der Mitte das violette Feuer

der Transformation, der Reinigung , und wie alles dort

in höhere Schwingung gebracht wird.

So daß ihr mit dem was ihr nicht mehr haben möchtet ,

nicht eure Mutter zusätzlich belastet.

So atmet tief ein und aus

und haltet die verschiedenen Vorstellungen.

So betretet selbst die violette Flamme,  - jeder für sich -

Empfindet dieses Feuer, das all euer Sein durchlodert,

jedes Atom und jede Zelle transformiert.

So empfindet dieses Gefühl, so verlaßt

- jeder für sich- die violette Flamme.

Stellt euch in einen Kreis, das Feuer in eure Mitte.

Ihr empfindet Leichtigkeit, Reinheit,

kommt euerm eigentlichen Sein nahe.

So stellt euch vor,- wie ihr euch gegenseitig

an den Händen haltend, anfangt,

- empor zu schweben- als Einheit, ganz sanft,

immer leichter werdend.

Das violette Feuer wird zum violetten Farbstrahl,

an dem ihr euch orientiert.

Oder stellt euch mich vor in eurer Mitte,

ihr umringt mich und schwebt sanft - höher und höher.

Habt keine Furcht, ihr werdet leicht und leicht .

So laßt ihr diesen Ort weit unter euch zurück

und steigt höher und höher, ganz leicht und sanft.

Alle in Einheit .

So stellt euch vor, wie ihr noch höher schwebt,

- je höher ihr kommt, um so schneller euer Flug,

um so leichter,

denn ihr verlaßt das Erdmagnetfeld.

So schwebt ihr sanft höher und höher,

stetig entlang des violetten Farbstrahls,

den ich für euer Sein repräsentiere.

So schaut ihr nun zurück unter euch,

und seht eure Mutter, den Planeten Erde,

unter euch - im Kosmos liegen,

- schön - rein - erhaben- majestätisch.

Durch die veränderte Sichtweise,

nehmt ihr die Transformation,

die immer stetig in diesen Zeiten geschieht,

- über euer Drittes Auge wahr.

Seht wie sich jedes Teilchen, spiralförmig,

um die eigene Achse dreht, -höher steigt,

sich scheinbar trennt, auflöst

und dann mit anderen Teilchen wieder vereint.

Haltet dieses Bild

Transformation - Sämtliche Teile wirbeln spiralförmig,

linksdrehend, steigen höher, werden leichter,

bewegen sich schneller,

formieren sich in veränderter Struktur.

Haltet dieses Bild.

So werden sie während diesem Prozess transparenter,

vereinen sich erneut, in neuer Formation

und erscheinen wieder fest und stabil.

Dieser Vorgang findet stetig statt.

Nehmt eure Mutter, die Erde, in diesem Vorgang wahr.

Diesen Vorgang, der gleichfalls

mit all euren Körpern geschieht.

So seht diesen Transformationsprozeß

mit diesem Bewußtsein

und von diesem Ort, an dem ihr euch momentan befindet.

Haltet dieses Bild .

So möchte ich, daß wir gemeinsam die Reise,

entlang des violetten Farbstrahles, fortsetzen.

Kraft eures Willens, schwebt ihr noch höher und höher.

Der violette Farbstrahl wird leichter, transparenter,

die Farbe wird kristallin, zart violett, durchsichtig, rein

je höher ihr steigt.

So kehren wir zurück zu unserem gemeinsamen Ursprung, zurück

in die Einheit.

So seht euch innerhalb einer kristallinen Höhle,

fast klar, wie Bergkristall, doch zart violett ahnend,

schaut euch im kristallinen Herzen der Einheit um.

Hier herrscht Harmonie, absoluter Ausgleich, Friede.

So bemerkt ihr, daß ihr keine Schwierigkeiten habt,

euch mit diesen Kristallen, zu verbinden,

daß ihr sogar in die Kristalle eintreten könnt.

So empfindet den Kristall im Außen

und gleichzeitig im Innern, ihr seid in Einheit,

nicht getrennt.

Haltet diese Vorstellung.

Verinnerlicht die violette Kristallschwingung,

absolute Harmonie, Ausgleich, Transformation,

Einheit, Reinheit, Heilwerdung,

Aufhebung der Dualität,

Verschmelzung sämtlicher Polaritäten.

Empfindet den Kristall im Außen, gleichzeitig im Innern,

in euch und um euch. - Es gibt keine Trennung.

Nun möchten wir gemeinsam, ich und andere Wesen

euer Drittes Auge aktivieren.

So helft bitte mit, kraft eurer Vorstellung.

So visualisiert, an der Stelle eures Dritten Auges,

einen violetten, strahlenden Kristall, enorme Strahlkraft,

laßt diesen Kristall dort entstehen,

kraft eurer Gedankenvorstellung.

Zentriert eure gesamte Vorstellungskraft auf diesen Punkt,

fühlt den aktivierten, violetten Kristall

und seine enorme Strahlkraft,

jeder für sich

Transformation, Ausgleich, Harmonisierung,

Reinigung, Heilwerdung.

Fühlt, wie er leuchtet, strahlt, pulsiert,

Schwingung ausströmt, rotiert, jeder für sich.

Dies ist das Geschenk der Einheit.

So möchten wir diesen Raum, das violette Herz

der Einheit verlassen.

Jeder hat seinen persönlichen, violetten Kristall aktiviert

und hält diese Vorstellung.

So schweben wir sanft Richtung Erde zurück,

halten auf halben Weg inne,

befinden uns immer noch im Kreis,

wie wir den Raum verlassen.

So richten wir gemeinsam, jeder für sich,

sein Drittes Auge auf den Planeten,

den wir Mutter nennen, - visualisieren -

wie aus dem aktivierten, violetten Kristall,

ein violetter Farbstrahl hervorgeht.

Diesen Strahl richten wir auf den Planeten,

Heilung, Ausgleich, Harmonie,

Unterstützung des Transformationsprozesses.

Jeder für sich, richtet den violetten Farbstrahl,

der seinem Dritten Auge, dem violetten Kristall entströmt,

auf den Planeten, den wir Mutter nennen,

und unterstützen den Transformationsprozeß.

Haltet dieses Bild.

Seht, wie sich eure Strahlen vereinen, die Erde umfassen,

Heilung, Ausgleich, Harmonie, Reinigung.

So haltet dieses Bild.

So unterstütze ich euch, - jeden für sich.

Spürt den rotierenden Kristall.

So nimmt jeder für sich seinen Strahl langsam zurück,

der Kristall den jeder trägt, beruhigt sich,

zieht sich gleichfalls zurück

und ist doch stets vorhanden,

wenn ihr euch seiner Präsenz erinnert.

So beruhigt euch - jeder für sich-

Habt keine Furcht.

Laßt Frieden in sämtliche Körper eures Seins eintreten.

Sanft setzen wir gemeinsam in Einheit unsere Reise fort

und nähern uns erneut dem Erdmagnetfeld.

So tretet ein in die Atmosphäre, eures Planeten,

die euch gereinigt, leicht, rein, frisch vorkommt.

Ganz sanft, ganz leicht schwebt ihr immer weiter,

erreicht diesen Ort, erreicht diesen Raum,

erreicht gemeinsam den Boden.

Seht euch im Kreis um das violette Feuer der Reinigung.

So tretet jeder zurück, kehrt zurück,

nimmt seinen Körper wahr,

atmet tief ein und aus,

nehmt die Geräusche eures Atmens wahr,

fühlt eure Körper, beginnt euch zu bewegen.

Wenn ihr ein Ausatmen findet, das sich gut anfühlt,

öffnet die Augen und seid wieder ganz im Hier und Jetzt

und in diesem Raum, in eurem Tagesbewußtsein.

Ich danke euch.

Raphael

Meditation

Annehmen der Göttlichen Vollmacht

So schließt die Augen. Atmet tief ein und aus,

atmet das kristalline Licht des Einen ein

und alles, was nicht dieser Schwingung gemäß, aus.

Atmet die Belastungen eures Alltages aus,

atmet eure Sorgen und Ängste aus,

atmet eure Zweifel und Unsicherheiten aus,

atmet das kristalline Licht des Einen ein,

Glaube, Vertrauen, Vollmacht.

Atmet eure Befürchtungen aus,

atmet eure Grübeleien aus,

atmet eure überholten Strukturen aus,

laßt alles los mit dem Ausatmen,

was nicht eurem tiefsten Innern,

eurer innersten Wahrheit entspricht.

Atmet das kristalline Licht des Einen aus,

atmet das kristalline Licht des Einen ein.

Alles, was nicht dieser Qualität entspricht, aus

bis ihr kristallines Licht des Einen ein- und ausatmet,

alles abgegeben habt, was nicht dieser Qualität entspricht.

So visualisiert, wie alles, was ihr transformieren möchtet,

durch das violette Feuer der Reinigung geläutert

und in höhere Schwingung gebracht wird.

Atmet das kristalline Licht ein und aus.

Fühlt euch durchströmt von Klarheit, Reinheit,

tiefster Weisheit, Wissen,

Verbundenheit mit allen Lebensströmen

der stofflichen und der feinstofflichen Welten,

allem Sein.

So begebt euch mit mir auf die Reise,

leicht und rein, voller Frieden,

Glauben, Vertrauen, Liebe.

So befinden wir uns am Ufer eines unendlichen Ozeans,

der Ozean der Unendlichkeit.

Klar und rein, in glitzerndem, hellen Blau

breitet er sich vor eurem inneren Auge aus.

Funkelnd, rein, sanft bewegend.

So lädt euch dieser Ozean ein zu einem Bad.

Begebt euch in die Fluten.

Laßt die Fluten eure Körper umspülen.

Fühlt die Klärung, die Reinigung,

die die Schwingung dieses Wassers

das in Wahrheit Sternenessenz ist,

eurem Sein, all euren Körpern, bringt.

Je tiefer ihr euch in diesen Ozean der Einheit,

der Allverbundenheit begebt,

umso leichter fühlt ihr euch.

Tiefe Verbundenheit, Einsseins,

machen sich in euren Körpern breit.

Erneuerung, Frieden.

Das Letzte, was euch belastet,

wird von diesen Fluten sanft davongetragen.

Das Wasser glitzert. perlt, berührt sanft eure Körper,

durchdringt eure verschiedenen Schichten

und reinigt euch innen wie außen - Reinigung,

Reinigung für alle Ebenen eures Seins.

So taucht voller Vertrauen ganz ein in diese Schwingung.

Ihr stellt fest, daß ihr auch unter Wasser atmen,

Lebenskraft schöpfen könnt.

Fühlt die Leichtigkeit, das tiefe Gefühl von Frieden,

Glück, Liebe in all eurem Sein. Genießt dieses Bad.

Erinnert euch, wer und was ihr in Wahrheit seid.

In Wahrheit seid ihr Eins mit diesem Ozean,

unsterblicher Geist, unendliche Schwingung

ohne Anfang ohne Ende. Leben.

Essenz der wahren Essenz. Nicht getrennt.

Immer in Einheit, wenn ihr euch besinnt,

euch euren Wurzeln nähert.

So genießt dieses Bad. Jeder für sich.

Spürt die Allverbundenheit in all eurem Sein.

So findet euch zusammen,

bildet vor eurem geistigen Auge einen Kreis

und beginnt euch aus den Fluten

dieses Meeres der Reinigung und Erneuerung

langsam schwebend zu erheben, gemeinsam in Einheit.

Laßt diesen Ozean unter euch zurück

und schwebt sanft höher und höher.

Laßt dieses euch bekannte Universum unter euch zurück

und schwebt sanft höher und höher.

Laßt euch leiten vom kristallinen Licht der Einheit,

laßt euch leiten von der Energie eurer Herzen,

laßt euch leiten von der Energie eurer Intuition,

eures Wissens, von der Kraft eurer Seelenenergie,

die Licht vom wahren Licht ist.

Und schwebt sanft höher und höher

durch Welten und Dimensionen, die ihr noch selten betretet,

höher und höher, ganz sanft, voll Vertrauen, Liebe,

Sehnsucht in eurem Herzen.

Es zieht euch höher und höher.

Kehrt zurück, zurück in die Einheit,

zurück zu eurem Ursprung,

zurück ins Herz der Einheit allen Seins.

So öffnet euer innerliches geistiges Auge

und schaut euch um.

Ihr befindet euch in einem Raum,

der ganz aus klarem, funkelnden reinem Kristall besteht.

Zu euren Füßen, an allen Wänden, an der Decke.

Klarheit  -  Reinheit.

So schaut sich jeder um. Jeder für sich.

Atmet die absolute Schwingung der Einheit allen Seins,

laßt die Schwingung der Kristalle euch durchdringen.

Werdet selbst zum Kristall, Lichtkristall.

Funkelnd, rein, klar, sicher.

So möchte ich euch heute zum ersten Mal

im Herz der Einheit grüßen, geliebte Kinder.

Nicht in eurer Umgebung, nicht in eurem irdischen Kleid,

sondern im Kleid eurer Seelenenergie.

Seid gegrüßt.

Ich, Michael, grüße die Kinder der Einheit, des Lichtes.

So möchte ich euch heute mein Geschenk,

mein Lichtschwert zukommen lassen.

Jeder von euch, der bereit ist,

das Schwert des Lichtes, der Einheit,

der Vollmacht, anzunehmen,

möge im Innern seine Zustimmung geben.

So wer von euch bereit ist,

stimme kraft seines Herzens zu.

So berühre ich diejenigen von euch

mit meinem Schwert der Einheit, des Lichtes

in eurem Herzzentrum,

gebe euch das Zeichen der Unendlichkeit,

der Einheit mit dem Schöpfer,

der Vollmacht als Kind der Einheit in euer Herz.

Fühlt, jeder für sich,

wie ich ihm die liegende Acht ins Herz einritze

mit der Spitze meines Schwertes,

auf das ihr euch immer eurem wahren Sein erinnert.

Jede Sekunde eures Seins, Bewußtheit in jeder Sekunde,

jeder Herzschlag soll euch Bewußtheit sein.

Nehmt die Vollmacht als Bringer des Lichtes in Liebe an.

Nehmt die Vollmacht in Freude an,

Kind der Einheit zu sein.

Nehmt die Vollmacht an, Licht, Liebe, Einheit jederzeit,

mit jedem Herzschlag eures Seins,

zum Ausdruck zu bringen.

Nicht zu zwingen, stets in Liebe zu sein,

stets zu verstehen, stets zu vergeben,

stets kraft eures Herzens alles ins Licht zu transformieren,

mutvoll voranzuschreiten, das Lichtschwert in eurer Hand,

jegliche Furcht loszulassen,

einzutreten für das, was ihr seid.

Geliebte, große Freude herrscht in allen Himmeln.

Alles Sein jubelt.

Denn das Licht verbreitet sich in unendlicher Schnelligkeit, dehnt sich aus.

So haltet das Bild.

Seht Licht und Liebe in Ausdehnung,

unendlich wachsend, sich stetig erhöhen,

ohne zurück, nur voranschreitend.

So schreitet auch ihr voran und schaut nicht zurück.

Laßt hinter euch, den Blick nach vorn.

Handelt in Vollmacht von Licht und Liebe.

Bringt Licht und Liebe. Sät Licht und Liebe.

Vermehrt Licht und Liebe,

transformiert alles in Licht und Liebe kraft eurer Vollmacht,

die ihr in eurer Unsterblichkeit tragt.

Bringt eure innere Wahrheit voller Freude,

voller Mut, voller Glauben und voll Vertrauen

und Zuversicht zum Ausdruck.

Gebt ein Beispiel.

Fühlt die pulsierende liegende Acht,

Zeichen der Unendlichkeit in eurem Herzen.

Dieses Zeichen, das ich euch heute gegeben,

soll euch alle Zeit erinnern, euch reinigen.

Kraft des Lichtschwertes, das jeder der möchte,

ab nun in seinen Händen hält,

könnt ihr euch jeder Zeit reinigen, klären,

von allem trennen, was ihr nicht mehr

in eurem Sein haben möchtet.

Bringt das Licht zu allen Orten,

in alle Situationen, in alle Zeiten.

Die Wege, die ihr von nun an beschreitet,

sollen Wege des Lichtes sein.

Hinterlaßt auf all euren Wegen die Spuren aus Licht,

feinstofflicher Sternenstaub.

Allzeit seid euch bewußt,

daß ihr Licht vom wahren Licht seid.

So ruht mein Segen auf jedem von euch.

So atmet das kristalline Licht der Einheit,

das pulsierende lebendige Licht der Einheit,

das ihr in diesem Raum wahrnehmt.

Nehmt es auf, fühlt es in euch lebendig pulsieren,

euch Leben spendend, Kraft, Frieden, Wissen.

Geliebte Kinder des Lichtes.

So verlaßt nun gemeinsam das Herz der Einheit,

schwebt friedvoll, ruhig, in Liebe zurück.

Durchquert die Dimensionen des Seins, sanft gleitend.

Liebe und Licht, das ihr seid.

Betretet euer Universum, bildet einen Kreis,

seht eure Mutter, die Erde,

die gleichfalls bewußtes Leben in Einheit mit euch,

tief unten zu euren Füßen im Raum schwebend.

So strahlt aus euren Fußchakren,

aus all euren Energiezentren, aus euren Handchakren,

aus euren Herzchakren, aus eurem Halschakra,

aus eurem Dritten Auge, auch aus eurer Krone,

die überfließt, aus euren feinstofflichen Energiezentren

kristallines Licht auf eure Mutter,

kristallines Licht der Erneuerung,

der absoluten Liebe, Reinheit, kristallines Licht,

das alle Aspekte der Einheit des Vaters enthält.

Seht, wie der Planet, den ihr so sehr liebt,

dieses Licht dankbar aufnimmt,

sich anfüllt mit diesem Lebenselexier,

beginnt zu pulsieren, zu strahlen,

eine Aura aus hellem, kristallinem Licht erhält,

dieses Licht weit in den Kosmos leuchtet.

Haltet dieses Bild.

Geliebte Kinder. So nehmt eure Strahlkraft,

jeder für sich, ganz langsam zurück.

So kehrt sie zurück, vereint sich in eurem Herzen,

pulsiert als liegende Acht,

Zeichen eurer Vollmacht und Unendlichkeit.

So nehmt eure Heimreise auf,

beginnt sanft und langsam hinabzuschweben,

euch eurer Mutter zu nähern, euch diesem Ort zu nähern,

taucht ein in diesen Raum, taucht ein in eure Körper.

So nehmt bewußt euren irdischen Körper wahr,

beginnt die Zehen zu bewegen und zu fühlen,

beginnt eure Hände zu bewegen und zu fühlen.

Atmet tief ein und aus,

nehmt das Geräusch eures Atmens wahr,

atmet tief ein und aus,

nehmt euren Atem und euren Körper wahr.

Seid wieder ganz im Hier und Jetzt,

in diesem Raum und in dieser Gruppe

und wenn ihr ein Ausatmen findet,

welches sich gut anfühlt, so schlagt eure Augen auf

und seid wieder im Hier und Jetzt,

in diesem Raum und in dieser Gruppe.

Geliebte Kinder, so möchte ich mich bei euch allen bedanken. So möchte ich euch bitten, noch einige Minuten in Stille zu verharren. Jeder für sich.

So wandle ich momentan mit meinem grünen Gewand, goldgrün in eurer Mitte, beruhige eure energetischen Herzen, öffne sie mit meiner Energie, mache sie weit. So laßt meine Schwingung, wenn ihr möchtet, in eure energetischen Herzzentren dringen. Nehmt sie auf.

Geliebte Kinder der Einheit des Lichtes. So möchte ich mich für heute von euch verabschieden. So haben euch hohe Energien berührt. Möge die Saat keimen in all euren Körpern, im Innen wie im Außen. Die Einheit, Licht und Liebe, das wahre Licht vom wahren Licht brennen. So möchte ich mich von euch allen verabschieden. Harmonie, Frieden und Ruhe und das Licht der Einheit leuchte in eurem Innern.

Gott zum Gruß

Michael

# Anrufung

## Geliebte ICH-BIN-GEGENWART
## Geliebte Christusenergie

Geliebte ICH-BIN-GEGENWART,

geliebter Christus in meinem Herzen,

ich bitte dich, komme in mein Sein,

laß mich Dich immer besser und klarer zum Ausdruck bringen,

laß den Kontakt mit dir,

laß das Gefühl, daß ich Einheit mit Dir bin,

immer besser in meinen verschiedenen Körpern verankern.

Geliebte ICH-BIN-GEGENWART, geliebte Christuskraft,

laß mich Dich immer mehr wahrnehmen,

daß ich deiner Präsenz immer klarer und bewußter werde.

So laß mich Dich zum Ausdruck bringen,

denn ich und Du und der VATER sind Eins.

So bitt` ich Dich,

mein energetisches Herzzentrum ganz weit zu machen, zu öffnen,

kraft meines Herzens, meine unteren energetischen Zentren

zu reinigen, in höhere Schwingungen zu transformieren,

den Schmerz aufzulösen, die Verletzungen aufzulösen,

die Schuldgefühle aufzulösen,

hilf mir,

mich über die Ketten meines Egos zu erheben,

kraft meines Herzens, kraft der Energie meines Herzens,

kraft der kosmischen Liebesschwingung,

die Grundessenz allen Seins,

kann ich alles transformieren, was ich transformieren möchte.

Kraft meines energetischen Herzens, meiner energetischen Herzen,

ist es auch möglich, mein Halschakra zu reinigen, zu aktivieren,

Verbindung über mein Drittes Auge,

mit sämtlichen Lebensströmen aufzunehmen.

Kraft meines energetischen Herzens, stelle ich die Verbindung

zu meiner ICH-BIN-GEGENWART, zur QUELLE,

zum VATER und zum Sohn, her.

So ist alles möglich, wenn ich mich erinnere,

wer und was ich bin, wenn ich mir bewußt werde.

Geliebte ICH-BIN- GEGENWART, geliebter CHRISTUS,

wirke in all meinem Sein,

laß mich Dich immer besser zum Ausdruck bringen,

laß mich meine Vollmacht immer klarer erkennen,

laß mich immer besser meine Vollmacht ergreifen

und mein wahres Sein nach Außen bringen.

Dies wünsche ich mir.

Danke, ich bin Teil der Einheit,

Teil des ICH-BIN

Gott zum Gruß

# Meditation

## Strukturveränderung - Schwingungserhöhung

So habt Vertrauen. Schließt die Augen,

atmet tief ein und aus,

laßt euren Alltag los, seid ganz bei euch,

in eurem Innern, in euren Körpern.

So möchte ich, daß jeder zu seinem Hohen Selbst,

zu seinem Sonnenengel, Kontakt aufnimmt,

jeder für sich - und ihn um Hilfe bittet,

um Beistand und um Begleitung

bei der folgenden Übung.

So möchte ich,

daß ihr euch das Element Erde vorstellt,

das Element Erde, dem der Würfel,

das Viereck zugrunde liegt.

So fühlt die Schwere dieser Struktur,

fühlt die Begrenzung dieser Struktur,

Stellt euch vor, wie jedes Atom eures Seins

diese Struktur annimmt.

So möchte ich, daß ihr gedanklich

euren Körper durchwandert.

Von den Zehen, bis hin zu eurem Haupt.

Visualisiert die zahllosen Atome,

die euren Körper ausmachen

und gebt ihnen, kraft eures Geistes,

die Struktur der Erde, das Viereck, den Würfel.

So empfindet die Dichte, die Begrenztheit,

die Enge, die alten ausgetretenen Wege,

die euch in Wahrheit nicht weiterbringen,

lauft entlang im Innern dieses Vierecks,

aus dem es kein Entkommen gibt,

fühlt euch schwer, erdverbunden, fühlt die Schwere,

die Begrenzung, die Illusion,

die diese Ebene des Seins ausmacht.

So möchte ich euch nun

zum Element des Wassers führen.

So empfindet fließendes Wasser, seht den Ozean vor euch,

die Form der Wellen, empfindet das Fließen.

So stellt euch nun das Viereck vor,

doch die Linien - in Wellenform.

Das heißt, Lockerung der Starrheit,

Auflockerung, wellenförmige Struktur, - doch noch immer

der Cube, das Viereck, der Würfel.

So stellt euch in dieser Art und Weise jedes Atom

in eurem Körper vor, wellenförmige Linien und im Fluß,

das heißt, die Grundstruktur der Erde kommt ins Fließen. Fluß

entsteht. Starrheit wird aufgehoben,

Bewegung entsteht.

So geht euren Körper gedanklich

von den Zehen bis hin zu eurem Haupt durch,

und stellt euch jedes Atom, jede Zelle

in dieser Art und Weise vor.

Geliebte, so möchte ich, daß ihr

eure Mutter, den Planeten, - jeder für sich -

gleichfalls Atom für Atom, in gleichem Maße,

in Fluß vorstellt.

So gehen wir zum nächsten Element,

dem Element des Feuers, der Sonnenenergie.

So laßt euer Sein Feuer erfassen. Feuer, so wißt ihr -

transformiert in höhere Schwingungsfrequenz.

So verändert sich die Grundstruktur der Erde.

So visualisiert eine Raute, so genügt es,

wenn ihr vor eurem inneren Auge ein Dreieck seht,

mit der Spitze nach oben.

So stellt euch vor, wie jedes Atom in eurem Körper,

kraft des Feuers, diese Form annimmt.

Visualisiert diese Form

von den Zehen bis hin zu eurem Haupt,

jedes Atom hat nun diese Form.

So möchte ich, daß ihr gleichfalls eurer Mutter Erde,

jedes Atom, das eure Mutter Erde ausmacht,

diese Form gebt .

So fühlt die Kraft des Feuers,

das alles in höhere Schwingung transformiert .

So visualisiert die Sonne. Das goldgelb eurer Sonne,

im Innern, wie im Außen. Fühlt die Kraft,

die Wärme, die Liebe, die bedingungslose Liebe,

die Versorgung, die Kraft, die euch Leben spendet,

und laßt euch von dieser Kraft in höhere Schwingung ziehen.

Die Sonne zieht euch  in höhere Schwingungsfrequenz .

So visualisiert, wie jedes Atom in eurem Körper beginnt,

in Linksdrehung höher und höher zu schweben,

sich linksdrehend - sich höher und höher zu ziehen.

Fühlt diese Bewegung in all euren Körpern.

Arbeitet kraft eurer Gedanken, geht eure Körper durch,

von den Zehen, bis hin zum Haupt.

Jedes Atom bewegt sich linksdrehend

und die Sonnenenergie zieht es in höhere Schwingungsfrequenz, -

haltet dieses Bild  -

fühlt diese Bewegung in all euren Körpern.

Die Linksdrehung.Die Linksdrehung bringt euch

in höhere Schwingungsfrequenz .

Rechtsdrehung zieht euch nach unten.

So fühlt die Linksdrehung und fühlt

die spiralförmige Bewegung all eurer Atome,

in höhere Schwingungsfrequenz.

So möchte ich, daß ihr gleichfalls, kraft eurer Gedanken,

eure Mutter Erde in gleicher Weise schwingend,

drehend - seht.

So seht jedes Atom des Planeten,

wie es sich linksdrehend - von der Sonne gezogen,

höher und höher schwingt.

Je höher ihr schwingt, um so lockerer wird die Struktur.

So laßt euch hoch und höher ziehen.

Wenn ihr wahrhaftig die Ebene der Sonnenenergie erreicht,

so löst sich jegliche Struktur auf.

Hier herrscht  keinerlei Struktur, nur Geist .

Geistbewußtheit, - die allem innewohnt,

denn alles ist aus Geist hervorgegangen.

Alles was zurückkehrt zum wahren Geist, hat keine Struktur.

So gibt es Symbole auf eurer Ebene des Seins.

Für Einheit, den Kreis.

Dem innewohnenden Geist, den Punkt in der Mitte.

Für befreiten Geist, drei Striche in Aufwärtsbewegung,

wie in Abwärtsbewegung , doch dies sind Symbole,

die eure Ebene des Seins geschaffen.

So möchte ich,

daß ihr für heute mit dieser Übung innehaltet

- bremst die Bewegung ganz sachte - jeder für sich -

werdet langsamer und langsamer. Ganz ruhig,

Friede, Ruhe, Harmonie, Ausgleich.

So kommt zur Ruhe - hüllt euch ein in das Mitternachtsblau, in

die Schwingung, die euch Raphael bringt.

Tiefer Friede in all eurem Sein.

*Kühle breitet sich aus, tiefer Friede,*

*das Gefühl von Einssein, das Gefühl zu Hause zu sein.*

*Laßt Mitternachtsblau auf euch wirken,*

*auf allen Ebenen eures Seins.*

*Tiefe Ruhe und Frieden.*

*So atmet tief ein und aus, kehrt zurück*

*in euren irdischen Körper, auf die irdische Ebene des Seins.*

*Atmet tief ein und aus, kehrt zurück*

*in euer Tagesbewußtsein, beginnt euch zu bewegen*

*und wenn ihr bereit seid, öffnet jeder für sich die Augen,*

*und ist wieder ganz im Hier und Jetzt, in diesem Raum*

*und in dieser Gruppe.*

*So möchte ich mich für heute von euch verabschieden.*

*Gott zum Gruß*

*Michael*


Macht euch keine Gedanken, so lebt - liebt, doch ich meine unsere Qualitäten der Liebe. Harmonie und der Friede der Einheit sei mit euch.

Raphael

Meditation

Sonnensterne


So schließt die Augen,

atmet tief ein und aus,

laßt eure Sorgen, eure Ängste, eure Fragen,

eure Zweifel, alles was euch belastet los

und atmet das kristalline Licht der Einheit ein.

So visualisiert, wie alles,

was ihr nicht mehr in eurem Sein haben möchtet,

ins violette Feuer der Reinigung entschwindet

und in höhere Schwingung transformiert wird.

Atmen wir kristallines Licht der Einheit ein

und alles, was nicht dieser Qualität entspricht, aus.

So atmet ein und aus,

gebt alles ins violette Feuer,

was ihr nicht mehr in eurem Sein haben möchtet.

Haltet diese Vorstellung.

Jeder für sich.

So fühlt, wie ihr das kristalline Licht,

Sonnenenergie über euer Kronenchakra,

über euren Atem, über euer Drittes Auge,

über all eure energetischen Zentren

in euer Sein zieht.

Wie alles andere sanft entschwindet.

Zieht Sonnenenergie,

kristallines Licht der Einheit,

in all eure Körper.

So während ihr dies tut,

merkt ihr, daß ihr leichter und leichter werdet,

daß ihr beginnt zu schweben,

ganz sanft, leichter und leichter,

immer mehr werdet ihr zu Sonnenenergie,

zum kristallinen Lichtstrahl hingezogen.

So beginnt ihr sanft zu schweben.

Laßt alles, was euch belastet unter euch zurück,

schwebt entlang des Lichtstrahls,

fühlt Leichtigkeit, Freude, Reinheit,

so steigt ihr höher und höher,

so fühlt, wie die Linksdrehung

während des Höhersteigens einsetzt

in all euren Zellen und Atomen

und mit Höhe zunimmt.

Fühlt dies,

die zunehmende Leichtigkeit

und zunehmende Linksrotation

und die Reise geht weiter entlang des Lichtstrahls,

höher und höher.

Je höher ihr steigt,

umso leichter, reiner schwingt ihr,

umso schneller wird die Rotation

in all eurem Sein.

Strukturen, Muster lösen sich auf,

verschwinden gänzlich.

So schwebt ihr durch euer bekanntes Universum,

sanft linksdrehend,

empfindet Ruhe und Stille des Raumes.

Einheit.

Nähert euch eurem wahrhaftigen Sein,

passiert einzelne Sterne,

die im Mitternachtsblau des Raumes liegen.

Und weiter geht die Reise,

so landet ihr an der Pforte,

und verlaßt das euch bekannte Universum.

Durchschwebt andere Dimensionen,

die Linksdrehung ist so schnell,

daß ihr sie kaum noch wahrnehmt.

Doch ihr fühlt euch sicher,

denn der Lichtstrahl ist euer Begleiter.

So laßt euch noch höher ziehen,

bis ihr die Zentralsonne,

das Herz aller Dimensionen,

aller existierenden Universen,

erreicht.

Habt keine Furcht, tretet ein,

fühlt die Wärme, die Liebe, die Geborgenheit,

die Freude, die Nahrung, die Kraft. die Fülle.

So beginnt diese Kraft,

in all eurem Sein aufzunehmen,

fühlt die Wärme,

fühlt die Atome,

die hier kreuz und quer in Freiheit herumschwirren,

explodieren, sich berühren, wieder auseinanderprallen. Energie,

Wärme erzeugen,

und doch bei all diesem Durcheinander,

Einheit sind.

So gebt euch dieser Vorstellung hin.

Fühlt,

wie auch ihr euch diesem Treiben hingebt.

Euch auflöst, wiedervereint,

hin- und herschießt,

macht was ihr möchtet.

Fühlt die Wärme, die Liebe, das Einssein,

die Freude, die Kraft, die Fülle,

tollt herum mit den Andern.

Hier könnt ihr tun, was immer euch beliebt.

Euch drehen und tanzen,

hin- und herbewegen,

nach oben, nach unten, seitwärts,

schnell, langsam, wie ihr möchtet.

Alles ist möglich.

So bewege sich jeder,

jedes Atom, wie es möchte.

Haltet diese Vorstellung.

Freiheit, Kraft, Liebe, Licht,

unendliches Licht, unendliche Liebe,

unendliche Freiheit, unendliche Kraft,

unendliche Vollmacht, unendliche Fülle..

Grenzenlos.

Jenseits eurer menschlichen Vorstellung.

Unendliche Freude.

So bewegt ihr euch im Herz der Einheit.

Im Teil der Einheit;

die die Kraft, den Impuls hervorbringt.

Den Teil, den ihr in eurer Wertung

männlich nennen würdet.

Gebt euch noch eine Weile dem Spiel der Atome hin.

Grenzenloses Spiel, keinerlei Begrenzung.

Ihr taucht ein in das grenzenlose Meer der Einheit.

So möchte ich,

daß sich jeder für sich zusammenzieht,

seine verschiedenen Atome zentriert und bündelt,

und seinen Seelenkörper aufbaut.

Zentriert euch jeder für sich.

So verlassen wir nun alle gemeinsam diesem Ort.

Schweben tanzend, linksdrehend, in Freude,

langsam zurück.

Wir sprühen vor Licht,

Sonnenenergie, Kraft und Liebe.

Fühlt euch als sprühendes Teilchen der Einheit.

Fühlt euch als strahlender, leuchtender Stern,

der durch die Dimensionen schwebt.

Jenseits von Zeit und Raum.

Jenseits jeglicher menschlicher Vorstellungskraft.

Sprüht geliebte Kinder.

Gebt ab Licht und Liebe,

Kraft, Freude, Sonnenenergie.

So nähern wir uns der Pforte

und betreten sprühend in Freude

das Universum, das ihr so gut kennt.

So seht euch am Himmel als Sterne.

Jeder für sich.

Sehr weit unter euch eure Mutter, den Planet Erde,

und sprüht.

Geliebte Kinder,

schenkt das Licht der Einheit,

die Kraft der Einheit,

die Freude der Einheit

eurem Universum.

Wärme, Liebe, Licht.

So visualisiert,

wie dieses Sprühen,

die Mutter, die Erde erreicht.

Und sie gleichfalls dankbar annimmt,

mit der Linksrotation beginnt,

und auch zu sprühen anfängt.

Ganz sacht und dann immer stärker.

So haltet dieses Bild.

Fühlt dieses Bild.

Geliebte, so zieht euch zurück.

Nehmt euer Sprühen zurück, ganz sacht.

Nehmt die Linksdrehung zurück, ganz sacht.

Zieht euer Strahlen zurück, ganz sacht.

Vereint es in eurer Mitte zu einem goldenen Punkt.

Harmonie, Frieden und Ruhe breiten sich aus.

Friede all eurem Sein.

Der mitternachtsblaue Nachthimmel empfängt euch,

all euer Sein.

Die Linksdrehung wird ganz langsam,

ganz langsam.

Frieden all eurem Sein.

Ruhe kehrt ein,

in sämtlichen Körpern eures Seins.

So schwebt ihr langsam näher.

Betretet diesen Raum,

betretet euren irdischen Körper.

Jeder für sich.

Nehmt eure Zehen war, eure Beine, eure Hände.

Beginnt euch zu bewegen

und seid wieder ganz im Hier und Jetzt

Und wenn ihr ein Ausatmen findet,

das sich gut anfühlt, öffnet eure Augen

und seid wieder ganz im Hier und Jetzt.

Gott zum Gruß

Michael und Raphael

# Chakrenmeditationen

*Wurzelchakra Mutter Erde*

Seid gegrüßt, ich bin die Energie,

die ihr auch Mutter nennt.

Du und ich sind eins,

verbunden durch die gleiche Schwingungsebene.

Du bist mein Kind und gleichzeitig bin ich dein Kind.

Wir sind so tief miteinander verflochten.

Wir sind eins.

Ich nehme dich in Liebe an.

Ich nähre dein Sein,

deine sämtlichen Körper.

Ich gebe dir den Raum, den Raum den du brauchst,

um auf dieser Ebene zu wandeln.

Ich versorge dich.

Ich versorge dich mit allem, was du brauchst.

Ich schütze dich.

Ich gebe dir Geborgenheit.

Ich gebe dir meinen Schoß,

ohne etwas von dir zu verlangen.

Vertraue mir, denn ich liebe dich bedingungslos.

Ich bin Sein vom wahren Sein.

Nicht getrennt, in Einheit mit dem Schöpfer.

So diene ich dir, ihm und allem Leben.

So vertraue mir,

fühl dich nicht unsicher, alleingelassen.

Habe Vertrauen, denn ich bin da.

Immer bin ich da.

Ich versorge dich mit Kraft.

Deinen geistigen Körper, deine Seele,

deinen irdischen Körper.

Ich gebe dir Nahrung.

Ich gebe dir Wohnstätte.

Ich bin dir Mutter von Anbeginn der Zeit.

Was fürchtest du ?

Nimm mein Feuer an.

Denn wie möchtest du überleben,

wenn du mich verleugnest ?

Ich bin deine Mutter und gleichzeitig dein Kind.

Wir sorgen in Gegenseitigkeit füreinander.

Liebe sollte zwischen uns herrschen.

Liebe und Sorgfalt, gegenseitige Achtung.

So habe ich Achtung vor dir.

Liebe dich.

So hab Vertrauen.

Nimm mich an, werte nicht.

Denn du brauchst mich so, wie ich dich brauche.

Wir sind eins.

So fühl dich in Einheit mit mir und meinem Sein.

Denn du kannst ohne mich nicht existieren,

wie ich ohne dich nicht existieren kann.

Ich bin da.

Ich bin die Quelle deiner Versorgung.

Wenn ich und du in Liebe sind,

so kannst du jegliche Furcht loslassen.

Denn ich vertraue dir,

und du vertraust mir,

denn du kannst mir vertrauen,

denn ich bin Liebe.

So erinnere dich,

laß deine Verletzungen los,

denn sie herrschen nur in deinem Emotionalkörper,

in deinem Egobewußtsein.

Nicht auf der Ebene deines wahren Seins.

So erkenne,

daß du dieses Sein selbst gewählt,

um dich entwickeln zu können

und Erfahrungen auf dieser Ebene zu machen.

So, wie möchtest du Erfahrungen machen,

wenn du die Ebene,

die Mutter des Seins, nicht annimmst?

So gib dich meinem Feuer, meiner Kraft hin,

und laß dich nähren,

damit du diese Ebene wahrhaftig verstehst,

liebst und mithilfst zu transformieren.

Liebe soll herrschen zwischen dir und mir.

Ich liebe dich.

Deine Mutter.


So atmet tief ein und aus. Beginnt euch langsam zu bewegen und

kommt wieder ganz ins Hier und Jetzt. Wenn ihr bereit seid,

öffnet die Augen und seid wieder hier in diesem Raum, in dieser

Gruppe.

Sakralchakra

Wesenheit des Wassers


Geliebte, ich bin die Energie,

die ihr Wasser nennen würdet.

Ich habe viele Gesichter.

So ist eine meiner Ausdrucksformen der Delphin.

Auch ihr.

Ich bin in allem Sein.

Ich bin verflüssigter Sternenstaub.

Energie, Lebensspender. Ich bin Bewegung.

Ich bin ständig in Veränderung.

Ich bin der Fluß des Lebens.

So ist Harmonie mit mir  -  lebensspendend.

Wer in Harmonie mit meinem Sein,

der nimmt an, der versteht.

Der ist in Fluß, der versteht.

Der ist in Fluß mit dem Leben, mit meinem Sein,

das auch dein Sein ist.

Ist in Einheit mit mir und allem Sein.

Wer sich von mir abgetrennt fühlt,

lehnt das Leben ab,

wählt den Tod, den Stillstand, die Disharmonie.

Denn außerhalb des Fließens herrscht Disharmonie.

Harmonie ist fließen. Ist stetige Flexibilität.

Ist Anpassung an alles.

So fühlt das Fließen.

Öffnet euch dem Fluß der Gezeiten.

Dem Fluß des Kosmos. Dem Fluß des Lebens.

Gebt euch dem Fluß des Lebens hin.

Mit dem Wissen, daß dieser Fluß euer liebender Diener.

Laßt Wertung los. Laßt Erwartung los.

Genießt den Augenblick.

Denn im Augenblick liegt die Kraft und die Freude.

Wer den Augenblick nicht ehrt, ehrt das Leben nicht.

Laßt Freude zu.

Laßt die Vergangenheit los.

Laßt die Verletzung los.

Spürt das reinigende Element des Wassers.

Taucht ein in den Ozean der Gezeiten. der Lebensfluten.

Laßt euch durchdringen.

Laßt alles hinwegspülen,

was nicht der Freude entspricht.

Leben ist Freude, ist Kraft, ist Liebe.

So fühlt das Wasser um euch,

wie es euch reinigt und erneuert.

Gebt euch dieser Reinigung hin, laßt die Reinigung zu,

fühlt die Reinigung in eurem Innern.

Fühlt, wie alles in Wallung gerät.

Wie blockierte Energien einfach hinweggespült werden

und der Fluß des Lebens in seiner ursprünglichen Kraft

wieder in eurem Sein zugelassen wird.

Ihr euch ihm öffnet. In Freude.

Laßt die Angst los.

Angst der Schatten, den ihr selbst produziert.

Der euch hemmt. Der euch vermeintlich schützen soll

und doch euch abschneidet von der Freude.

Werdet heil, werdet ganz.

Indem ihr wahrhaftig erkennt,

wer und was ihr seid.

Daß ihr in Einheit seid.

Daß ihr nicht länger die Einheit ablehnt.

Mehr oder weniger sein möchtet als die Einheit.

Laßt den Fluß des Lebens zu.

Denn dies bedeutet,

ihr gebt euch der Liebe, der Freude,

des Verstehens, der Erkenntnis hin.

Alles fließt. Alles dient diesem Fluß.

So reiht euch wieder ein,

denn ihr könnt nicht gegen den Fluß des Lebens bestehen.

Euch darüber hinwegsetzen, ohne Leid zu erfahren.

So ist der beste Schutz, sich hinzugeben.

Sich zu öffnen und Eins zu sein.

So fühlt, die Fluten um euch.

Alles wird gereinigt.

Alles wird sanft hinweggetragen,

was euch so schwer erschien.

Was euch so stark belastet.

Laßt es vom Wasser hinwegspülen,

denn meine Qualität transformiert.

Meine Qualität hilft euch, in Fluß zu bleiben.

Sich stetig zu reinigen.

So gebt mir ab, was euch zu schwer erscheint.

Macht der Freude Platz.

Laßt die Liebe Einzug halten in eurem Sein.

Denn wenn ihr euch dem Fluß des Lebens sperrt,

verweigert ihr euch der Liebesschwingung.

So hindert ihr euch selbst

teilzuhaben an der Freude des Lebens.

Der Einheit allen Seins.

So öffnet euch, seid im Leben, seid in Fluß.

So bin ich der Fluß, wie ihr der Fluß seid.

So grüße ich euch, denn ich und du, wir sind eins.

So atmet tief ein und aus.


Nehmt euren Atem bewußt wahr. Kommt langsam wieder ins Hier und Jetzt, und wenn es für euch richtig ist, öffnet eure Augen und seid wieder hier in diesem Raum und in dieser Gruppe.

Solarplexuschakra

Wesenheit des Feuers


Begebt euch in eure Mitte.

An den Ort des Feuers.

So bin ich ein Wesen des Feuers.

So schaut das Feuer in eurem Innern.

Nehmt es wahr.

Seine Wärme, nehmt es an.

Fürchtet euch nicht, das Feuer zuzulassen.

Das Feuer, ein Spiegel eurer Sonne.

Feuer ist Kraft, Energie, Reinigung.

Laßt das Feuer zu.

Unterdrückt das Feuer in eurem Innern nicht.

Denn wenn ihr es kraft eures Willens eindämmt,

so erstickt euer Inneres an den Rauchschwaden.

Laßt das Feuer zu.

Fürchtet euch nicht.

Feuer ist nicht Zerstörung, sondern Lebenskraft.

Feuer transformiert.

So könnt ihr kraft des Feuers

in eurem Sein alles lichten.

Nutzt das Feuer in der Weise,

wie es seit Anbeginn der Zeit gedacht.

Bringt euer Feuer zum Ausdruck.

Laßt es zu.

Feuer ist nährend, wärmend, lebensspendend.

Seht das Feuer eurer Sonne.

Ohne dieses Feuer wäre Leben nicht denkbar.

Vereinigt eure Feuer.

Feuer ist Willenskraft. Feuer stärkt.

Laßt euch nähren vom Feuer in eurem Innern.

Nehmt euer Feuer an.

Spürt das Feuer.

Feuer gibt euch Kraft.

Euch auszudrücken, wie ihr in Wahrheit seid.

Dies hat nichts mit der Ebene eures Egos zu tun,

sondern ihr könnt euer Feuer nutzen,

um euch im Innern zu kräftigen, zu stabilisieren.

Eure Wertigkeit anzunehmen.

Lehnt ihr euer Feuer ab,

lehnt ihr euch selbst ab.

Schränkt euch ein, reduziert euer Sein.

Laßt euer wahrhaftiges Sein zu.

Dazu ist Feuer nötig.

Definiert Feuer neu.

Erschreckt nicht länger vor der Kraft.

Vor eurem eigenen innewohnenden Potential,

sondern nehmt es an

und baut darauf ein neues Haus.

Dämmt das Feuer nicht länger ein,

denn dadurch leugnet ihr, was ihr seid.

Denn auch ihr seid Feuer.

Laßt die Sonne in eurem Innern leuchten

*und bringt sie freudig zum Ausdruck.*

*Laßt die Wärme durch euren Körper strömen.*

*Atmet tief in eure Mitte und nährt das Feuer*

*durch den Hauch des Atmens.*

*Fühlt euch lebendig.*

*So atmet tief ein und aus.*

Kommt mit eurem Bewußtsein zurück in euren ganzen Körper und wenn ihr ein Ausatmen findet, das sich gut anfühlt, öffnet die Augen und seid wieder ganz im Hier und Jetzt.

Herzchakra

Lady Nada


Seid gegrüßt.

Ich bin Lady Nada, die zu euch spricht.

So verkörpere ich die weibliche Energie

des Christusbewußtseins.

So möchte ich, daß ihr eure Herzen öffnet,

ganz weit.

Nehmt die Schönheit des Lebens wahr

über das Zentrum der Liebe.

Seht mit den Augen des Herzens.

Solange ihr verschlossen seid,

seid ihr wie Maschinen,

die nicht in Wahrheit berührt.

Die nichts empfinden.

So kenn ich eure Furcht.

Doch wer in Liebe ist,

kann in Wahrheit nicht verletzt werden.

Denn die Liebe die ich meine, ist bedingungslos.

Liebt die Schönheit allen Lebens.

Denn Verletzungen erfahrt ihr,

weil ihr Bedingungen an andere stellt.

Dadurch werdet ihr verletzt.

Laßt dieses Denken los.

Leben ist Schönheit. Leben ist wertvoll.

Tausend Dinge begegnen euch täglich und noch mehr,

deren Schönheit ihr oftmals nicht wahrnehmt.

Denn ihr erwartet ganz andere Dinge,

so verschließt ihr euch gegenüber dem wahren Leben.

So öffnet euer Herz,

laßt die Ängste los.

Eröffnet euch neue Räume, neue Dimensionen.

So seht die Rose,

die verschlossen und erblüht

zu ihrer vollen Schönheit.

*So laßt euer Herzzentrum erblühen*

*zur Freude der anderen Lebensströme.*

*Zur Freude allen Seins.*

*Meine Liebe sei allezeit mit euch.*

*Nada*


So atmet tief ein und aus. Nehmt das Geräusch eures Atmens wahr und kommt zurück ins Hier und Jetzt in diesen Raum und in diese Gruppe.

Halschakra

Erzengel Michael


Seid gegrüßt,

ich bin Michael.

So bringe ich euch die Farbschwingung des Himmels.

Visualisiert den klaren Tageshimmel

vor eurem geistigen Auge.

Nehmt die Klarheit und die Reinheit

über euer Halszentrum auf.

So nutze ich mein Schwert der Erneuerung,

um eure Halszentren zu reinigen

und alles was nicht dieser Schwingung gemäß,

zu entfernen.

Aufrichtigkeit wünsche ich mir

als euren stetigen Begleiter.

Einheit.

In all eurem Sein,

zwischen all euren verschiedenen Seinsebenen.

Einheit. Klarheit. Aufrichtigkeit.

So daß ihr das Ich-Bin

zum Ausdruck bringen möchtet.

So reiche ich euch den Kelch

mit der azurblauen Flüssigkeit

und wer bereit,

möge ihn aus meiner Hand annehmen

und das Bündnis erneuern.

Denn ihr erinnert euch,

wer und was ihr seid.

Viele Schleier habe ich entfernt,

die sich über euer Bewußtsein gelagert hatten,

so wünsche ich mir,

daß ihr Licht und Liebe

in Freude zum Ausdruck bringen möget,

und daß jegliche Furcht von euch abfalle.

Daß ihr zu dem stehen möget,

was ihr seid.

Daß ihr euch gemäß seid.

Euch nicht länger leugnet.

Haltet das Bild des Tageshimmels

vor eurem geistigen Auge

und nehmt dieses Blau tief in euer Innerstes auf.

Reinheit, Klarheit, für all euer Sein.

Laßt diese Klarheit

in jedes Atom und in jede Zelle

eures Seins strömen.

So möchte ich mich von euch verabschieden,

doch auch, wenn ihr meine Stimme

nicht akustisch wahrnehmt,

so wißt ihr,

daß ich hier bei euch in eurer Mitte.

Gott zum Gruß

Michael

Drittes Auge

Erzengel Raphael


Ich bin Raphael,

den die meisten unter euch kennen.

So verkörpere ich für diese Seinsebene die Heilenergie.

Meine Farbschwingung ist Mitternachtsblau

übersät mit goldenen Sternen.

Oder ein tiefes Violett.

So nehmt meine Schwingung

über euer Drittes Auge auf.

So heile ich eure Pforte der Wahrnehmung,

die so oft in den vielen Leben

die ihr verbracht, verletzt,

gar ausgelöscht wurde.

So erwecken wir diese Pforten zu neuem Leben.

So wie der Mond zu neuem Leben erweckt wird.

So stehe ich für die dunkle Seite,

die weibliche Seite.

So stehe ich für die Ruhe und den Frieden,

der genauso notwendig

wie die männliche Kraft und Energie.

Denn in Wahrheit ist beides Einheit.

So bringe ich den Ausgleich

zwischen

männliche und weibliche Schwingung.

Ich bringe euch Schwingung,

ich bringe euch Harmonie.

Das Eins-Sein.

Denn nur,

wenn ihr Eins-Sein wirklich begreift,

öffnen sich die Pforten der Wahrnehmung

und entwickeln ihr volles Potential.

Denn nur dann

seid ihr offen für andere Seinsebenen.

Nehmt sie an.

Trennt nicht mehr.

Erhebt euch nicht mehr

über anderes Sein.

So verfeinert kraft eures Geistes

die Wahrnehmung eurer Sinne.

Achtet auf das Leben

und was es euch mitteilen möchte.

Achtet nicht nur

auf euren Bruder oder eure Schwester,

den Menschen,

sondern achtet auf alles Sein

Auf die verschiedenen Elemente.

Auf das Gras, auf euren Bruder, den Baum.

Auf die gesamte Tierwelt

Auf das Mineralreich.

Achtet auf alles,

was euch auf dieser Seinsebene begegnet.

Öffnet euch in Gedanken,

daß Leben in großer Vielfalt existiert.

So daß ihr auch

für andere Seinsebenen geöffnet seid.

Durchlässiger werdet.

Seid bereit,

die Schwingungen dieser Zeit

unterstützen diesen Prozeß.

So gleiche ich alles aus.

Einheit ist eine Stufe auf der Leiter

der Bewußtwerdung.

Mit jeder Stufe, die ihr aufsteigt,

erschließen sich euch

neue Dimensionen und Seinsbereiche.

Doch nicht kraft eures Willens

werdet ihr vorankommen,

sondern kraft eurer Herzqualität.

Kraft eurer Seelenenergie.

Liebe und Verstehen.

Wahrhaftiges Verstehen.

Überwindung der Egoebene,

das heißt nicht, daß ihr vollkommen sein solltet,

doch daß es euch immer häufiger gelingt,

das Ego in den Hintergrund zu stellen

und bei eurem wahren Selbst zu bleiben.

Verbindung zu eurem höheren Selbst,

dem Sonnenengel.

Verbindung zum Christus,

der eurem Herzen inne wohnt.

Viele Geschenke warten auf euch.

So wird sich euch nach und nach

euer Potential immer mehr erschließen.

Habt Vertrauen, habt Geduld.

Seid in Liebe,

Raphael

So kommt wieder zurück, atmet tief ein und aus und wenn ihr bereit seid, öffnet die Augen und seid wieder ganz im Hier und Jetzt.

Kronenchakra

Serapis Bey


Geliebte, seid gegrüßt

im Namen der Einheit.

So bin ich der Meister des klaren Lichtstrahls.

So nennen mich manche Serapis Bey,

doch ich habe viele Namen.

Mein Name ist unbedeutend.

Meine Schwingung ist entscheidend.

Denn ich bin alles Sein.

So möchte ich heute das Ich-Bin,

die Quelle,

euch näher bringen.

Denn ich bin die Quelle,

wie ihr die Quelle seid.

So sucht nicht länger im Außen nach Erlösung,

nach dem Vater

. Denn dies befindet sich alles

in eurem eigenen Innern,

in jedem von euch.

So hört auf,

Kilometer um Kilometer im Außen zurückzulegen.

So hört auf zu fliehen,

denn ihr könnt nicht vor euch selbst davonlaufen.

Denn wenn ihr euch Selbst

in allen Tiefen eures Sein erkennt,

erkennt ihr den Vater,

denn ihr und der Vater sind Eins.

Der Vater ist alles Sein.

So ist er in euch.

Er ist der Herzschlag eures Herzens.

Er ist das Sandkorn, über das ihr achtlos schreitet.

Er ist der Wind, der euch berührt.

Er ist die Nahrung, die ihr zu euch nehmt.

Er ist der Hund, der euch entgegenblickt.

Er ist der Bettler, der euch um etwas bittet.

Er ist der König.

Er ist die Sonne, die euch Leben spendet.

Und er ist der Mond,

der den Fluß der Gezeiten

und den Fluß eures Lebens bestimmt.

Er ist der Vater und er ist die Mutter,

nach der ihr euch tief im Innern

seit Anbeginn der Zeiten sehnt.

Er ist das Haus, eure Heimat.

Er ist alles Sein.

Sein Hauch ist es,

der euch Leben einhaucht.

Ihr seid von seinem Geist beseelt.

Ihr seid in Einheit.

Er ist immer in euch präsent

mit seiner Gegenwart.

Präsent, wenn es euch gut,

präsent, wenn es euch schlecht,

präsent, wenn ihr so verzweifelt,

daß nur noch seine Gegenwart euch trägt.

Nur in eurem Denken

habt ihr seine Gegenwart

aus eurem Sein verbannt.

Doch ihr erinnert euch.

So ist er in jedem von euch und wartet darauf,

zum Ausdruck gebracht zu werden.

In seiner Schönheit.

In seiner Vollkommenheit.

In seiner Liebe.

So öffnet euch, nehmt seine Gegenwart

bewußt und ihn Liebe an,

fürchtet euch nicht.

Denn wer im Haus des Vaters wohnt,

erleidet keinen Mangel.

Unermeßlich sein Glück.

So öffnet euch

und empfangt das klare Licht,

das alles enthält.

Die Vollkommenheit, die Reinheit, die Erkenntnis,

das Wissen, die Weisheit, das Verstehen,

die Barmherzigkeit, die Gnade, die Kraft,

die Freude, auch die Macht.

Doch was wäre dies alles

ohne die Liebe.

So empfangt all diese Qualitäten.

Laßt sie in euch eindringen

und all euer Sein erfüllen.

Fühlt euch verbunden,

eingebunden, in gemeinsamem Sein.

Alles Leben ist Ich-Bin.

Ich-Bin ist alles Leben.

Ohne Anfang und ohne Ende.

Ich-Bin das Gestern,

*das Heute und das Morgen.*

*Ich-Bin*

*ohne Zeit und ohne Raum*

*und ohne jegliche Begrenzung.*

*Du bist,*

*weil Ich-Bin.*

*Wer mich leugnet,*

*leugnet sich selbst.*

*So achte dich,*

*denn damit achtest du auch mein Sein.*

*So segne ich euch*

*und lasse meine Schwingung der Reinheit*

*in eurer Mitte zurück.*

*Gott zum Gruß*

*Serapis Bey*

So atmet tief ein und aus, nehmt das Geräusch eures Atmens wahr. Fühlt euren ganzen Körper und kommt wieder zurück ins Hier und Jetzt und in diesen Raum und wenn ihr bereit seid, öffnet eure Augen.

Meditation
Chakrenreinigung


Seid gegrüßt,

ich bin Raphael, die zu euch spricht.

So atmet tief in eure Mitte,

atmet Harmonie, Frieden, Ruhe,

Vollkommenheit, absolute Reinheit,

Glaube und Vertrauen,

laßt alles, was nicht diesen Qualitäten entspricht,

aus euch hinausfließen,

übergebt es der violetten Flamme der Reinigung,

Harmonie, Frieden, Ruhe, Vertrauen, Glaube,

Vollmacht, absolute Vollkommenheit, Liebe.

So begebt euch kraft eures Bewußtseins,

in eure Wurzel,

fühlt die Energien, in diesem energetischen Zentrum,

fühlt die Verbundenheit mit Mutter Erde.

So stellt euch vor,

wie dieses Zentrum sich öffnet,

die Erde und die Materie in Liebe annimmt,

alle Verletzungen, Ängste, Schuldgefühle losläßt.

Visualisiert, wie dieses Zentrum

in Harmonie, Frieden

und seiner ursprünglichen vollkommenen Schwingung

sich bewegt.

Vertrauen, Glaube, Hingabe.

Vertrauen in den Vater,

vertrauen, versorgt und geliebt zu sein.

Laßt jegliche Angst aus euch hinausströmen.

Harmonie, Frieden, Ruhe, Sicherheit.

So bewegen wir uns ins nächste Energiezentrum,

das zum Element des Wassers gehört.

So möchten wir dieses nun reinigen.

Stellt euch vor,

wie Wasser dieses Zentrum durchflutet,

alles, was euch belastet,

alle Gefühle,

die nicht den vollkommenen Qualitäten

der Einheit entsprechen,

hinwegträgt, eure Blockaden hinwegträgt,

so daß ihr wieder in eurem ursprünglichen Fluß,

in den Fluß der Einheit gelangt.

Leben ist fließen.

So bewegen wir uns weiter in eure Mitte.

Stellt euch eine Sonnenblume vor,

die sich freudig öffnet,

in Liebe ist.

So laßt alles los,

was nicht dieser Schwingung der Freude,

der Liebe in euch entspricht.

Euer Werten, laßt los.

Euer Streben nach Dingen,

die in Wahrheit keine Bedeutung,

laßt los.

Laßt die Sonnenblume frei atmen,

und stellt euch vor,

wie dieses energetische Zentrum

wieder in der ursprünglichen Schwingung des Kosmos

sich bewegt.

So wandern wir weiter

und kommen zu eurem Herzzentrum.

So laßt die Rose

aus diesem Zentrum eures Seins erblühen.

Hier wohnt die Vergebung,

die bedingungslose, wahre Liebe,

der Christus.

So stellt euch vor,

wie dieses Zentrum gereinigt wird

durch die Schwingungen der wahren Liebe,

wie alles, was nicht dieser Qualität entspricht,

aus diesem Zentrum hinausströmt.

Ihr mit jedem Atemzug leichter,

glücklicher, freier werdet.

Habt keine Furcht.

So nähern wir uns

dem energetischen Zentrum am Hals.

Stellt euch vor,

wie euer Halszentrum klar und rein wird,

wie der Himmel am Nachmittag.

Sich klar und verständlich ausdrückt,

in Einklang ist mit allen anderen Energien,

die euer Sein ausmachen.

Aufrichtigkeit, Einheit, Harmonie,

Mut, Einklang.

So stellt euch vor,

wie dieser blaue, strahlende Himmel der Klarheit,

dieses Zentrum erfaßt, und dieses Zentrum

die Qualität dieses Himmels annimmt,

und alles,

was nicht dieser Qualität entspricht,

einfach sanft sich auflöst,

transformiert wird, in höhere Schwingung.

So kommen wir zu eurem Dritten Auge.

So ruht hier der Sitz eurer Intuition,

die Pforte eurer Wahrnehmung.

So nehmt ihr Wesen wahr,

die einen Körper haben,

aber auch andere Energien.

So visualisiert, wie sich dieses Zentrum öffnet.

Stellt euch einen dunkelblauen Kristall vor,

der anfängt zu rotieren,

zu arbeiten, der empfängt und sendet.

So bewegen wir uns weiter hinauf

zu eurer Krone.

Stellt euch vor, wie eure Krone weit,

stellt euch vor, wie ihr ganz klar,

rein und deutlich

Verbindung habt zur Quelle allen Seins,

nicht getrennt seid, sondern in Einheit,

so daß die Quelle sich mit eurer Hilfe

zum Ausdruck bringen kann,

so daß die Quelle sich immer mehr

durch euer Sein manifestiert.

Geben und Nehmen

Einfachheit.

Ich bin Einheit in allem Sein,

mit mir, meinen verschiedenen Körpern,

meinen feinstofflichen Körpern

und meinem Schöpfer, meinen Mitschöpfern.

In Einheit mit allen Lebensströmen,

allen Wesenheiten

der sichtbaren und unsichtbaren Welten.

Alles ist eins.

Alle sind Teilchen eines großen Ganzen,

und obwohl wir in Einheit sind,

wählt doch jeder seine Individualität.

So gebe ich mich freudig der Einheit hin,

bin in Freude,

Teil der Einheit sein zu dürfen,

bin in Freude, erkannt zu haben,

daß ich Teil der Einheit bin.

So bitte ich die Quelle,

stets mit mir verbunden zu sein,

stets mich zu erinnern,

damit ich dieses Wissen nicht noch einmal verdränge,

vergesse, oder nicht mehr zulasse.

So rufe ich

die geliebte Ich-Bin-Gegenwart

in mein Sein,

damit sie präsent ist,

mich erinnert

und sich über mich ausdrückt und wirkt.

Geliebte Kinder,

so haben wir nun all eure energetischen Zentren gereinigt,

in Harmonie, Frieden und Ruhe gebracht,

ausgeglichen.

So möchte ich mich bei euch verabschieden

Raphael

Gott zum Gruß

Meditation

Chakrenausgleich


Geliebte,

so bitte ich euch, tief ein- und auszuatmen.

Atmet das klare, kristalline,

vollkommene Licht der Einheit ein.

Visualisiert, wie es über eure Krone

in euren Körper auf allen Ebenen eindringt,

sich ausbreitet und fließt

und laßt alles los, aus jeder Pore, mit jedem Ausatmen,

was nicht dieser Qualität entspricht.

So laßt den Alltag los, laßt das heute Erlebte,

das euch belastet, los.

Laßt Ängste, Sorgen und Nöte, Zweifel los.

Laßt alles los.

Das Außen, euren Alltag

und fühlt immer noch das kristalline Licht der Einheit

euer Sein erfassen, in euch zirkulieren.

Seht das, was ihr losgelassen,

ins violette Feuer der Reinigung ziehen.

Und seht, wie es dort transformiert wird

in höhere Schwingungsfrequenz.

So begebt euch kraft eures Bewußtseins

in euer Wurzelchakra,

in die niederste Schwingung eures Seins.

Empfindet das Erdelement.

Hier wird das Überleben geregelt,

hier ruhen eure tiefsten Ängste und Befürchtungen,

die Angst des Versagens,

die Angst, nicht wertvoll genug zu sein,

die Angst der Materie nicht gewachsen zu sein,

die Angst, nicht mit Nahrung versorgt zu sein,

die Angst, ganz allein hilflos zu sein,

auch die Angst vor dem Tod.

All dies ruht in diesem Zentrum.

So lauscht meinen Worten und fühlt,

welchen Ängsten ihr immer noch teilweise unterliegt.

Seid ehrlich.

So möchte ich euch begreiflich machen,

daß kraft eures Herzens und kraft eures Dritten Auges

dieses Chakra ausglichen werden kann.

So begebt euch von der Wurzel in euer Herz.

Spürt die Liebesschwingung,

laßt die Liebe zu euch wachsen, nehmt euch an.

Auch eure Ängste, auch eure Zweifel.

Verdrängt sie nicht länger.

Versucht sie nicht länger durch Masken zu verbergen.

Nutzt die Liebesfähigkeit eures Herzens.

Nehmt euch in Liebe an.

Liebt euch.

Hört auf, zu manipulieren.

Bittet den Christus in eurem Herzzentrum um Hilfe,

um Beistand, um Erlösung.

So begebt euch weiter in euer Drittes Auge.

Spürt die Bewegung dieses energetischen Zentrums,

das meine Schwingung trägt.

Tiefer Friede,

Eingebundensein in die Einheit,

das Wissen, wer und was ihr seid,

das Wissen um den Sinn eures Hierseins.

Die Verbindung zu anderen Dimensionen und Seinsebenen.

Hier ist der Sitz, der Ort

von dem aus ihr mit allem Leben

Verbindung aufnehmen könnt.

So wenn euer Drittes Auge geöffnet und arbeitet,

so habt ihr das Wissen,

euer Zentrum in der Wurzel auszugleichen.

Die Sicherheit und das tiefere Verstehen.

So wißt ihr,

daß Tod Neubeginn bedeutet,

daß es in Wahrheit keinen Tod gibt.

So wißt ihr,

daß diese Ebene Illusion,

daß alles eurer Schulung,

der Schulung eurer Seele dient.

So nutzt dieses Wissen,

um eure Wurzel in Harmonie,

in Ruhe und Frieden zu bringen.

So begeben wir uns in euer Sakralchakra.

Hier wird das Fließen in all euren Körpern geregelt.

Seid ihr im Fluß,

so könnt ihr annehmen, loslassen,

Veränderung freudig zulassen.

Denn ihr gebt euch dem Fluß des Kosmos,

der Einheit hin.

So laßt ihr auch frei Gefühle fließen.

Ganz ohne Wertung.

Jederzeit bringt ihr dann aufrichtig alles,

was euch bewegt, ohne Furcht zum Ausdruck.

So möchte ich,

daß ihr nun kraft eures Herzens

beide Energiezentren, Hals- und Sakralzentrum, reinigt.

Laßt die Energie eures Herzens

in diese beiden Zentren fließen,

stärkt sie beide mit wahrhaftiger Liebe,

indem ihr annehmt, zulaßt, euch hingebt.

Nicht bremst,

euch wahrhaftig über euren Hals zum Ausdruck bringt.

Euer Gefühl, euer Denken - wahrhaftig,

indem ihr eure Erwartungen einschränkt,

aus eurem Herzen heraus handelt,

Ego und Verstand hinten anstellt.

So begebt euch in eure Mitte.

Hier ruht eure Persönlichkeit,

eure eigene Wertigkeit.

In der Mitte ruht eure innere Sonne.

So laßt aus eurem Herzen

Licht und Liebe zu eurer inneren Sonne fließen.

Seht, wie sie beginnt zu leuchten,

Wärme entwickelt und Kraft.

Wie sie beginnt zu strahlen.

Denn ihr wißt, ihr seid unendlich wertvoll.

Der Vater liebt euch, weil ihr seid.

Dies genügt.

Laßt euer Ego mehr und mehr in den Hintergrund ziehen.

Lebt kraft eurer Herzenergie.

Nutzt Verstand und Ego,

doch das Oberste sollte die Energie eures Herzens sein.

Laßt die Sonne in eurer Mitte leuchten,

nährt eure innere Sonne kraft eurer Herzenergie.

Fühlt euch geliebt, angenommen,

wie ihr seid.

Denn ihr wißt, daß wir reine Liebe sind,

daß wir nicht werten,

daß Wertung nur auf eurer Ebene des Seins existiert,

daß Wertung, eine Erfindung der Menschheit,

euch schwächt, in Disharmonie bringt.

So laßt Wertung los.

Fühlt die Liebe, die in euch, die um euch,

die Grundessenz allen Seins.

Seht die Schönheit.

Leben ist Liebe.

So laßt die Wertung ziehen.

Die Wertung euch selbst gegenüber

und auch den anderen gegenüber.

Laßt los, was euch hindert, begrenzt, schwächt,

in Disharmonie bringt.

Fühlt nun die Harmonie, die Liebe eures Herzens.

So fühlt noch einmal

das klare, kristalline Licht der Einheit,

das durch euer gesamtes Sein zirkuliert,

euch erfüllt, euch versorgt,

Liebe und Licht, Vollkommenheit ist.

So beginnt zu leuchten.

Seht euch klar und rein, gereinigt.

Jeder für sich.

Haltet dieses Bild.

Fühlt das Licht in eurem Sein.

So gebe jeder für sich,

kraft seiner Vorstellung

dieses Licht an eure Mutter Erde ab.

Macht es ihr gleichfalls zum Geschenk.

Seht, wie die Erde

dieses Licht der Reinigung, der Liebe,

der Reinheit, dankbar annimmt.

Seht, wie der Planet lichter wird,

annimmt und gleichfalls zu strahlen beginnt.

So haltet dieses Bild.

Geliebte, so nimmt jeder für sich

seine Leuchtkraft langsam zurück.

Ganz langsam, immer mehr,

bis sie sich zusammenzieht

als kleiner Punkt in eurem Herzen.

Hier wohnt die Christuskraft

in jedem von euch.

Erinnert euch, wenn ihr dieser Kraft bedürft.

So atmet tief ein- und aus.

Beginnt eure irdischen Körper zu fühlen,

bewegt euch und wenn ihr ein Ausatmen findet,

das sich gut anfühlt,

öffnet die Augen und seid wieder ganz im Hier und Jetzt,

in diesem Raum und in dieser Gruppe.

So danke ich euch,

Gott zum Gruß.

Raphael

# Die Erzengel äußern sich:

## Ursprung der Menschheit

So herrscht Verwirrung auf eurer Ebene des Seins. Verwirrung habt ihr selbst geschaffen. So wurde die meiste Verwirrung zu Zeiten von Atlantis geschaffen. Denn Atlantis manipulierte, veränderte sämtliche Gene, die auf dieser Ebene zu dieser Zeit vorherrschten. So schufen sie viele eurer heutigen Tierarten. So kommen diese nicht direkt aus der Quelle, sondern sind Schöpfungen der Weseneinheiten aus Atlantis, doch so gesehen, wieder aus der Quelle. Denn die Wesen aus Atlantis sind in Einheit mit der Quelle. So gesehen ist alles Ausdruck göttlichen Seins. So haben sie auch das Wesen, das ihr nicht Mensch nennen würdet sondern ein göttliches Wesen der Einheit, in zwei Teile gerissen. So schufen sie Mann und Frau.

So würde ich den Ursprung der menschlichen Rasse im Herzen des EINEN sehen. Doch dieser Ursprung gleicht nicht dem heutigen Wesen Mensch. Dieser Ursprung gleicht einem vollkommenen Wesen in Einheit mit vollem Bewußtsein, im Vollbesitz seines göttlichen Potentials, vollkommen in Liebe schwingend, rein. So würde ich den Beginn eines jeglichen Lebensstromes mit der Bewußtwerdung gleichsetzen, das heißt, mit der Erkenntnis ICH BIN.

*Das würde bedeuten, daß ein großer Teil der Menschheit gar nicht den Namen Menschheit tragen dürfte ?*

So ist es. Doch dies ist Wertung. Denn der ursprüngliche Mensch, den ich noch nicht als Mensch in eurer heutigen Form bezeichnen möchte, ist lediglich in Teile zerlegt worden, wenn wir es so nennen möchten. Doch auch ihr seid Teile des EINEN; wie ich Teil des EINEN bin. So ist lediglich Spaltung vorgenommen worden. Das heißt, aus einem Wesen wurden zwei. Doch auch diese zwei Wesen sind göttlich zu nennen. So teilen sich auch Seelenenergien. So belegt dies nicht mit Wertung. Doch dieser Schritt schuf maßgeblich die Dualität, verstärkte die Pole, die hier auf dieser Ebene des Seins vorherrschen. Durch diesen Schritt seid ihr noch tiefer in die Materie gerutscht. Das heißt, Materie wurde immer weniger göttlich, denn ihr wurdet immer mehr reduziert. Doch seid weder traurig, noch schiebt die Schuld auf Wesen in Atlantis. Denn wer von euch möchte beurteilen, ob er nicht selbst zu der einen oder anderen Gruppe gehörte ? Dies entzieht sich der Kenntnis der meisten. Dies ist gut, denn die meisten würden diese Kenntnis im Innern nicht verkraften.

*Wie war es möglich, daß sich vollkommene Geschöpfe über die Göttlichkeit erheben wollten. Wie läßt sich das mit Vollkommenheit vereinbaren ?*

So schufen sie aus der Feinstofflichkeit heraus die dichte Materie, das heißt, feste Formen, wie ihr sie kennt. So hatten sie den Wunsch, auch in einem festen Körper oder Gewand diese Festigkeit zu erspüren. So schufen sie sich zu Beginn ein Gewand, gleichfalls aus Materie. Doch dieses Gewand konnten sie anlegen und verlassen, je nach Belieben. Zu diesem Zeitpunkt stellte es noch keinerlei Begrenzung oder Einschränkung dar. So erfuhren sie die Feste, die Stofflichkeit. So hielten sie sich immer länger in diesem Gewand auf dieser Ebene, die ich als Stofflichkeit bezeichnen möchte, auf. So gefiel ihnen diese Art der Erfahrung und sie schufen immer mehr Dinge, die der Ebene der Materie angehörten. Wie soll ich euch dies erklären ? Es machte sich Übermut breit. So fingen sie an, sich auch in anderen Dingen zu erproben. So möchte ich den Vergleich von Wettspielen bringen. Dies begreift ihr am ehesten. So haben sie begonnen, ihre Kräfte, ausgedrückt in diesem festen Gewand, gegenseitig zu erproben. Vielleicht war dies der erste Schritt, der Wertung brachte. Dies war der Beginn des Falles in die Materie, der dann Schritt für Schritt, kleine Schritte, sich immer weiter vollzog. Ich berichte von einer Zeit, da es noch Einheit war, das Wesen noch nicht geteilt.

So wird eure Wissenschaft die ganze Wahrheit kraft ihrer heutigen Mittel nicht begreifen, denn bedenkt, auf Ebenen der Feinstofflichkeit gibt es weder Zeit noch Raum. Lineare

Zeitrechnung ist eine Illusion eurer Ebene. So können euch Weseneinheiten zu allen Zeiten dieses Planeten aufsuchen, frei nach Belieben. So gesehen, aus der Zukunft, von fernen Welten. Alles ist möglich in Bereichen der Feinstofflichkeit. So, wie möchte euer Verstand alles in Linie, in Abfolge bringen ?

## Verlassen des irdischen Körpers

*Wie geht das praktisch, unseren Körper zu verlassen ?*
Der erste Schritt ist zu lernen loszulassen, loslassen. Nicht deinen Körper. Dies sind Schritte, die folgen, sondern andere Dinge, die zuerst bewältigt werden müssen. Das heißt, deine Verletzungen loszulassen, deine Schuldgefühle loszulassen, dein Werten loszulassen, Verstand und Ego deiner Seelenenergie unterzuordnen. Deine Ängste loszulassen, deine Zweifel loszulassen. Loslassen. Deine Begrenzungen loszulassen. Loslassen beinhaltet sehr, sehr viel. So könnten wir Wochen üben, loszulassen. So kann ich euch in diesen Stunden des Zusammenseins ein Wort nennen. Doch dies umzusetzen und zu üben, erfordert viel, viel mehr: Zeit, Hinwendung, Beschäftigung, Meditation, Übung. Um euren Körper zu verlassen, müßt ihr euer gesamtes irdisches SEIN loslassen. Ohne Angst. In Liebe. Auslöschen. So könnt ihr dies üben. Schritt für Schritt.

# Demut

*Hat Hingabe auch etwas mit Demut zu tun und kannst du mir vielleicht den Begriff noch erläutern, da ich denke, daß er teilweise falsch besetzt ist.*

So ist es. So möchte ich zur Demut folgendes äußern. Wahre Demut kommt von innen, aus eurem Innersten, hat nichts mit Schleimen, mit Dienen, mit Heucheln zu tun. Auch nicht mit eurem Wort Verehrung. Ihr solltet niemanden verehren, denn damit wertet ihr. Ihr stellt irgendeine Lebenseinheit über euer eigenes SEIN. So achtet ihr eure eigene Göttlichkeit nicht. Dies ist nicht Demut in unserem Sinne. So solltet ihr nicht verehren, wie es viele von euch tun. So meine ich die Menschheit. Wahre Demut ist Erkenntnis, ist das Zusammenbringen der Polaritäten, ist das Erkennen der Wahrheit, ist das Erkennen der Einheit. So setzt das Verstehen der Schwingung Demut wahrhaftes Erkennen und Begreifen voraus. Demut hat die Schwingung violett. So sind in violett im gleichen Maße Himmel und Erde vorhanden. So seht in dieser Harmonie, die Harmonie sämtlicher Polaritäten, auch Silber und Gold sämtlicher Seinsebenen, absolute Einheit, vollkommene Schwingungen. Wer diese Einheit wahrlich begreift, der fühlt Einheit, ist in Einheit mit allem, was da ist. Der schwingt in Einheit. Die Schwingung, die

Grundessenz der Einheit, ist die wahre Liebe. So ist Demut in dieser Schwingung zu sein, sich zu befinden. Wer in dieser Schwingung ist, schwingt mit der Grundessenz allen Lebens. Dadurch dient er allem Leben, allem SEIN. So verstehen wir Demut, doch bitte, legt das Wort dienen nicht nach eurem Begriff des Dienens aus. So ist es nicht zu verstehen. So begreift ihr, wenn ihr von eurem Verstandesdenken ausgeht, immer nur Bruchstücke der Wahrheit. Nicht die vollständige Wahrheit. So könnt ihr den Weg der Bewußtwerdung nicht kraft eures Verstandes erzwingen. Doch eure Seele kennt den Weg wohl, eure Seele begreift, nicht euer Verstand. So denke ich, geliebtes Kind, daß ich deine Frage beantwortet habe.

# Wahre Liebe

Die Liebesschwingung transformiert alles Sein, doch dazu bedarf es der Schulung, denn Ihr kennt die wahre Liebe nicht. Eure Vorstellungen entsprechen eurem Emotionalkörper, nicht der Wahrheit.

Doch selbst das Wort bedingungslose Hingabe belegt Ihr mit einer fälschlichen Wertung.

Dies heißt nicht, sich zu opfern.

Dies heißt nicht, hilflos ausgeliefert zu sein.

Dies heißt nicht, sich wehrlos zu ergeben.

Dies verbindet der Mensch üblicherweise mit diesem Wort. Doch das bedeutet es nicht. Auch nicht Fanatismus. Auch das nicht. Doch macht euch keine Gedanken. Laßt das Begreifen wollen, das aus eurem Verstand kommt, los. Wir werden daran arbeiten. Gemeinsam. Ihr werdet verstehen, doch kraft eures Herzens, kraft eurer Seelenenergie.

# Gebrauch von Medikamenten

*Kannst du etwas über die Bedeutung der Zirbeldrüse sagen, der kleinen Drüse im Kopf?*

Sie empfängt Signale aus dem Kosmos, Schaltzentrum. Doch bei der Mehrheit der Menschheit ist sie nicht aktiviert oder nur teilweise. So wurde an diesem Zentrum willentlich manipuliert, zu Zeiten von Atlantis, reduziert. Doch auch dieses Zentrum wird energetisch neu belebt, ist am Erwachen, wie alles am Erwachen ist.

*Raphael, was hälst du von dem Gebrauch von Medikamenten?*

So möchte ich euch bitten, den Umgang mit Medikamenten weitgehend einzuschränken. So möchte ich nicht werten, denn in Wahrheit sind Medikamente nicht erforderlich. Denn ihr wißt, daß eure eigene Disharmonie euch krank macht. Doch immer noch braucht ihr gewisse Medikamente, denn die meisten von euch sind kraft ihrer Seele noch nicht in der Lage, die eigene Harmonie wieder herzustellen und sich somit aus eigener Kraft, aus eigenem Potential, auszugleichen. Doch solltet ihr unterscheiden, wann ihr wirklich etwas benötigt und wann ihr nichts benötigt, darauf verzichten könnt. So achtet darauf. Seid bewußt. Schränkt den Konsum ein. So möchte ich dazu ergänzen, daß jedes Medikament auf allen Ebenen eures Seins Eingriff bedeutet. Unnatürlicher

Eingriff, Manipulation, so wie sollte ich dies gutheißen ?

*Du meinst damit auch die biologischen Mittel bzw. die homöopathischen Mittel ?*

Auch die. Ihr manipuliert von Außen, um nicht im Innern arbeiten zu müssen. Doch Geliebte, solange ihr noch nicht weiter erwacht, nutzt diese Mittel, denn wir möchten nicht, daß ihr leidet. So nutzt diese Mittel. Doch wirklich nur dann, wenn es nötig ist. So möchten wir nicht, daß ihr Schmerzen erleidet. Doch viele nehmen achtlos Medikamente. Wisset, ihr seid in eurem tiefsten Innern vollkommener Geist vom wahren Geist, Licht vom wahren Licht. So wenn ihr wieder euer eigenes Potential wahrhaftig versteht und begreift, so hat jeder für sich die Möglichkeit, auszugleichen. Doch solange ihr dies noch nicht könnt, nutzt die Hilfsmittel, die es auf eurer Ebene des SEINS gibt.

*Gibt es immer noch eine Zeitverzögerung zwischen feinstofflicher Heilung und körperlichem Niederschlag ?*

So ist es. Der Geist schwingt wesentlich feiner, höhere Frequenz, schneller. Euer irdisches Kleid ist die niederste Frequenz eures SEINS. So dauert es, bis sich diese langsame Schwingung ändert. Es braucht Zeit, bis die feinstoffliche Ebene deines Geistes permanent einwirkend, die niedere Frequenz des Körpers geändert hat. Doch dies ist individuell verschieden. Es kommt darauf an, in welcher Frequenz der einzelne irdische Körper schwingt. So gibt es von Mensch zu Mensch Unterschiede. Jeder von euch schwingt in anderer Art und Weise, Unterschiede auf jeder Ebene eures Seins. So kannst du nicht einen Einzigen von euch mit einem Anderen vergleichen. Jeder von euch ist individuell verschieden, eigenständige Weseneinheit. Und doch ist jeder Teil der Einheit - EINS.

Vollkommene Schwingungen schwingen mit der göttlichen Grundessenz des SEINS, ist wahrhaft in Einheit. In jedem Augenblick und doch sich selbst bewußt, so wie ich mich euch gegenüber äußern kann, wenn dies mein Wunsch. Dies erschaffe ich aus meiner Bewußtheit, obwohl ich Teilaspekt und Einheit mit dem VATER bin. So habt ihr Beispiel, daß Bewußtheit stets vorhanden und nicht untertaucht, sich auflöst. Denn ich weiß, daß viele Seelenströme sich fürchten, zu verschmelzen und Bewußtheit zu verlieren, wenn sie in die Einheit mit dem VATER eingehen. Dies ist nicht der Fall.

*Raphael, Medikamente schädigen im Prinzip unseren Körper, unsere vielfältigen Körper. In der Übergangsphase brauchen wir noch das eine oder andere Medikament. Sind wir kraft des REIKI ausreichend versorgt, medizinisch ? Brauchen wir Medikamente nicht mehr ? Ist das richtig ?*

So ist es noch nicht. Eure Seelen sind teilweise noch nicht weit genug vorangeschritten, um sich selbst vollkommen heilen zu können. So habt Geduld, die Zeit wird kommen. Doch noch immer seid ihr angewiesen, bei schwerwiegenden Fällen. So gibt es einige unter den Menschen, die bereits alles selbsttätig ausgleichen können, doch diese Seelenenergien sind immer noch in der Minderheit.

*Michael und Raphael, ich habe festgestellt, daß während meiner Meditation mein Zugang zu feinstofflichen Energien, recht unterschiedlich ist.*

Geliebtes Kind, so laß dein Erwarten los. Manchmal arbeiten wir auf Ebenen, die du noch nicht wahrnimmst. Doch immer sind wir zugegen, viele Weseneinheiten der feinstofflichen Welt. So laßt eure Erwartungen los. Manchmal liegt es auch an eurem Gemütszustand. So meint ihr in Harmonie zu schwingen und doch herrscht auf irgendeiner Ebene eures Seins, Disharmonie. So daß die Wahrnehmung eingeschränkt. Doch laßt Erwartung, Wertung, Ansprüche los. Wertet euch nicht, habt Vertrauen, sobald ihr euch in Meditation begebt, euer Herz öffnet, seid ihr verbunden.

*Raphael, du hast mich aufgefordert, noch mehr mit meinem Dritten Auge zu arbeiten. Wie ?*

Geliebtes Kind, gehe bewußtseinsmäßig in dieses Zentrum. Erspüre die Schwingung, die dort herrscht. Allein, wenn du dich bewußtseinsmäßig mit diesem Ort verbindest, auf alles, was dort geschieht, achtest, arbeitest du bereits energetisch mit diesem Zentrum.

*Und wenn ich REIKI dazu einsetze ?*

Dazu bedarf es nicht REIKI.

*Raphael, die Summe aller Gedanken der Menschen auf der Erde, nennt man auch Morphogenes Feld. Nehmt ihr darauf Einfluß, daß sich diese Wirklichkeit verändert, kann man das so sagen ?*

So ist es. Wir sprechen von vorherrschender Schwingung. So transformieren wir ständig, doch wir sind nicht in der Lage, das Magnetfeld zu transformieren. So benötigen wir unsere Lichtkinder. Nur sie sind in der Lage, dies zu tun.

So ist die Arbeit immens und geht ohne Einschränkung, denn diese Arbeit wird in unseren Ebenen des Seins vollzogen, wo es weder Zeit noch Raum gibt.

So möchte ich euch bitten, da wir immer noch daran sind, das kollektiv Unterbewußte aufzuarbeiten, speziell nach eurer Zeitrechnung, Vergangenheit und Gegenwart, so seid bewußt, schafft nicht neue Schattenenergie, kraft eures heutigen Denkens.

So sind wir euch dankbar, wenn ihr euch unserer Worte erinnert. So ist es eure Entscheidung welchen Energien ihr dienen möchtet, denn ihr wißt, wir greifen nicht ein und lassen euch euren freien Willen. Doch seid euch selbst bewußt, was ihr denkt, fühlt, redet, wie ihr handelt.

*Das heißt, das du vermutest, daß wir auch teilweise dem Schatten dienen, durch unser Handeln, ohne es bewußt zu tun ?*

So ist es. Täglich.

So wertet dies nicht auf eurer Ebene des Seins, als Vorwurf meinerseits, doch manchmal denkt und fühlt ihr Dinge, bemerkt es nicht einmal, selbst Traurigkeit, Depression, Zweifel, Selbstmitleid, Ereiferung sind Schattenenergien.

So möchte ich euch bitten, übt, eure Energie, eure eigene, die Lichtenergie zu halten. Reagiert nicht, sondern bleibt Akteur in eurem Sein. So heißt dies nicht, daß ihr ausgeliefert sein sollt. Doch grenzt euch ab, trennt euch von dem, was euch Disharmonie bringt. Schwingt euch nicht auf diese Disharmonie ein, sondern bleibt bei euch, zieht Grenzen, seid konsequent. Doch reagiert nicht in gleicher Weise wie der Schatten, denn dann werdet ihr auch Schatten.

Haltet Licht und Liebe. Vergebt. Doch ihr habt das Recht, euch zu äußern und liebevoll abzugrenzen. Doch habt ihr die Kraft dazu ? Denn auch dies erfordert Mut und Stärke, vor allen Dingen Bewußtheit.

So solltet ihr, wenn ihr aufgeregt seid, euch schnellstmöglich ausgleichen, wieder ruhig werden, auf eure Energie besinnen, loslassen.

*Wenn du jetzt von der Energie redest, meinst du die violette Farbe, oder die weiße Farbe, als Gedankenstütze ?*

So ist es. So könnt ihr auch an euer Seelenbewußtsein denken, an das Licht der Einheit, an den VATER, an das, was ihr in Wahrheit seid. So könnt ihr mich, Raphael um Unterstützung bitten, viele Gedanken verbinden euch mit eurem wahrhaftigen Sein.

Michael hilft euch bei Abgrenzung.

## Abgrenzung

*So ist es aber oft sehr schwierig, zwischen Abgrenzung und Wertung oder Nichtwertung zu wählen, oder zu bleiben.*

Geliebtes Kind, wenn du wertest, spielen Emotionen eine Rolle. Wenn du dich nach unserem Sinne liebevoll äußerst und abgrenzt, sind deine Emotionen ausgeglichen, du bist ruhig, gelassen. Weder Wut noch Schuldgefühle machen sich in deinem Sein breit, dann handelst du in deinem seelischen Feuer.

*Es besteht die Gefahr, daß man denkt, Abgrenzung ist Wertung. Das ist also ein sehr zweischneidiges Schwert, dieses zu erkennen.*

So weiß ich nicht, wie ihr in eurem Sinne Abgrenzung versteht. Abgrenzung heißt nicht, sich abzuwenden. Abgrenzung heißt, sich liebevoll zum Ausdruck bringen, in seiner Energie zu bleiben. Das heißt, zu äußern, wie du die Dinge siehst, was du möchtest, zu was du bereit bist, ohne in Emotionen zu gehen. Das heißt nicht, den Anderen zu verurteilen, nie mehr mit ihm ein Wort zu wechseln. So verstehen wir Abgrenzung nicht.

Abgrenzung in unserem Sinne ist, deine Energie zu halten, nicht in gleicher Weise wie der Andere, zu reagieren, denn meistens werdet ihr mit der Emotionalebene konfrontiert. So bleibt ruhig und gelassen, bringt euch liebevoll zum Ausdruck. Dies ist Abgrenzung nach unserem Sinne, so verstehen wir dieses Wort.

Belegt dieses Wort nicht mit dem, was ihr denkt, was Abgrenzung zu sein hat.

*Raphael, Michael, können wir bei schwierigen Entscheidungen, die unser Leben in die eine oder andere Richtung führen wird, auf euren Rat und Beistand hoffen ?*

So ist es . So geben wir Impulse, die Entscheidung möchten wir dir nicht abnehmen, denn dies wäre Entmündigung und Eingriff in deinen freien Willen. Denn wir sehen jeden von euch als Bruder und Schwester, als gleiche Wesen, gleiche Anteile des EINEN.

So fühlen wir uns nicht euch überlegen, wir schulen euch, doch ich denke, auch das Wort Schulung belegt ihr in anderer Art und Weise.

Wir belegen die Worte nicht. Auch die Worte, jedes Wort, das wir äußern, ist frei von Wert. Nur ihr belegt jedes Wort mit Wertung.

So sagt uns, wie sollen wir uns euch dann mitteilen ?

Wir haben Worte zu gebrauchen, denn eine andere Sprache verstehen die meisten von euch noch nicht. So, was sollen wir sonst nutzen ?

So kommunizieren wir mit diesem Kanal telepathisch und mit Hilfe von Farben. Sie versteht diese Sprache, ihr noch nicht.

So bleibt uns nichts anderes übrig, als eine Sprache zu sprechen, die euch gemäß, doch belegt sie nicht mit eurer Wertung.

So möchten wir, wenn wir , „Geliebte Kinder" zu euch sagen, euch nicht auf niedere Stufe stellen, sondern euch lediglich Liebes-schwingung entgegenbringen, denn wir lieben euch.

So lieben viele von euch ihre Kinder, doch unsere Liebe ist weitaus allumfassender.

Doch welchen Vergleich, der einigermaßen dies zum Ausdruck bringt, sollen wir nutzen um euch entgegenzubringen, wie sehr wir euch lieben. Ihr habt dafür keine Worte.

So seid wertungsfrei. Belegt die Worte nicht mit der Wertung, die dieser Ebene des Seins üblich ist.

*Sag, Raphael, ihr habt doch Zugang zu unserer Seelenschwingung.*

*Gäbe es da keine Möglichkeit es zu transformieren, oder sind wir noch nicht soweit ?*

So ist es. Manche von euch teilweise, bruchstückhaft, oftmals nicht, unterschiedlich.

*Bräuchten wir dazu das Dritte Auge ?*

Nicht nur, all eure energetischen Zentren, besonders Herzqualität, ausgeglichene Chakren im unteren Bereich. Dein Ego, das Ego eines jeden, sollte nicht mehr übermäßig gelebt werden. Das heißt,

große Harmonie, nicht ständig, doch Ausgleich, so daß du meistens aus deinem Seelenbewußtsein heraus, handelst. So wenn du verstanden hast, was wir euch versucht, näherzubringen, so beginnst du zu begreifen, dich allmählich über dein irdisches Sein zu erheben, hinauszuwachsen. In diesem Maße erwacht dein wahrhaftiges Sein. Deine Seele. So ist dies ein Anfang, ein Beginn. Ein Beginn auf dem Weg des Lichts, der Seelenenergie zu wandeln.

So wirst du, und auch die Andern, oftmals stolpern.

So ist die Frage, kehrt ihr uns dann den Rücken ?

Wirft euch der leiseste Windhauch um, weil ihr wieder Erwartungen habt ?

So hat dies mit eurem Seelenbewußtsein zu tun.

So haben wir Kontakt zu jedem von euch, doch ihr seid diesem Kontakt nicht bewußt. So heißt dies zu arbeiten, bewußter zu sein.

Doch wertet euch nicht, fühlt euch nicht schlecht, denn wisset, ihr seid alle erwacht, ansonsten wäret ihr nicht hierher geführt worden.

Doch habt Geduld, seid dankbar.

Wir freuen uns, und möchten euch heute diese Freude zum Ausdruck bringen.

Wir sind dankbar, mit euch gemeinsam diese Arbeit gemacht zu haben. Es war uns Freude, uns mitteilen zu dürfen. Freudig haben wir eure Fragen beantwortet. Wir sind dankbar, euch vieles erklären zu dürfen, denn wir wissen, dadurch wird Licht und Liebe verbreitet.

Ihr macht euch Gedanken. Ihr beginnt neue Wege zu erforschen, schrittweise auszuprobieren. Ihr erfahrt Veränderung. Dies sehen wir mit großer Freude.

Der Kosmos jubelt. Täglich ist Licht und Liebe am Wachsen, in eurem gesamten Universum. So habt an dieser Freude teil, seht es nicht als Belastung, als Mühsal, als Plage, denn dies wäre bereits Schatten, den ihr doch transformieren möchtet.

So gebt euch der Freude, die auf unserer Ebene des Seins herrscht, hin.

## Die Devas

*Raphael, ich habe noch eine Frage zu den Devas :*
*Wie kann man sie wahrnehmen, und welche Aufgabe haben sie ?*
*Sind sie sehr eng mit der Natur verbunden ? Regeln sie das Wachstum von Bäumen und ähnliches ? Was ist noch wichtig, was machen sie noch ?*
Sie beleben die Erdkruste, energetisch.
*Stehen sie mit euch in Verbindung ?*
So ist es.
*Wie kann ich sie wahrnehmen ?*
Über dein Drittes Auge. So schule dein Drittes Auge. So möchte ich dies jedem, der hier Anwesenden ans Herz legen. So versorgen

diese Naturwesen alle irdischen Produkte, alles, was Mutter Erde hervorbringt mit Vitalkraft, mit Lebensenergie. Doch ihr Wirken wurde maßgeblich eingeschränkt. So ist vieles, was ihr zu euch nehmt wertlos. Doch ihr könnt selbst allem Vitalkraft, Lebensenergie zuführen. So daß die Dinge wieder Wert haben, euch wahrhaftig nähren.

*Meinst Du das Getreide auf dem Feld, Früchte, Äpfel ?*

*All diese Dinge ?*

So ist es. So segnet alles, was ihr zu euch nehmt, alles, was euch eure Mutter liefert, überläßt. Seid dankbar, betrachtet die Dinge mit Bewußtheit. Für euch ist vieles selbstverständlich. Achtlos ist der Mensch. Alles ist Liebe, was euch dient. Meistens achtet ihr dieses Dienen nicht, es besitzt keinerlei Wert in eurem Bewußtsein. So hat es auch seinen geistigen Wert verloren. Ihr wisst, das Außen ist ein Spiegel eures Innern. Alles, was ihr nicht achtet wird euch genommen werden. So setzt ihr die Ursache, erntet die Wirkung. Worüber beklagt ihr euch ? So wißt ihr, daß es keinen strafenden Gott gibt, doch es gibt kosmische Gesetze. Indem ihr so verfahrt, fallt ihr aus dem Prinzip der Einheit, der Schwingungen der wahren Liebe, schafft Disharmonie.

Geliebte, so mach ich euch keinen Vorwurf, ich möchte euch lediglich das menschliche Verhalten bewußt machen. Empfindet keine Schuld, seid nicht traurig, bewegt euch im Innern. Doch auch dieser Schritt ist eure freie Entscheidung.

Wir werten nicht, wir lieben euch, egal, was ihr tut. Denn wir sind bedingungslose Liebe und in Einheit.

So wandle ich heute in meinem grünen Gewand in eurer Mitte, bringe euch Heilung, Erneuerung.

So grüße ich euch, ich Michael, der auch anwesend.

Seid gegrüßt, geliebte Kinder dieser Seinsebene. So fühlt euch nicht betroffen, laßt eure Ängste los, habt keine Angst vor dem, was da noch kommen wird. Habt Vertrauen, wir begleiten euch. Versucht, die Qualität der wahren Liebe in eurem Innern zu finden, zu entwickeln und ins Außen zu bringen. Dies genügt. Wisset, der Kosmos ist Einfachheit. So glaubt meinen Worten, in Wahrheit ist alles einfach. Kompliziert macht es das menschliche Denken. Doch solange ihr in dieser Art und Weise denkt, begreift ihr nicht die Wahrheit.

So laßt euch von Vertrauen leiten, habt Vertrauen.


Wir segnen euch im Licht der Einheit


Michael und Raphael